U0598534

汉末英雄

三国遗迹寻踪

纪陶然 著

世界图书出版公司

北京·广州·上海·西安

走进历史现场，
寻找大地上的三国

　　一部《三国演义》让古往今来多少人心驰神往、痴迷沉醉。我喜爱三国故事，大概从四五岁起，那时只是听书；到后来，由读《三国演义》到读《三国志》，由研究三国历史到研究三国遗迹——于我而言，这是个自然而然的过程。听着，读着，想着，我就产生了到三国历史事件发生的现场走一走，到三国文化留下的遗迹看一看的念头——看看书中那些熟悉的地方，现在成了什么样子。

　　十余年来，我时常凭着一人、一车去寻访散落在大地上的三国历史文化遗存——包括关隘要塞、营垒战场、城池宫殿、古道运河、墓葬庙宇等，累计超过六百处。同时我还采访了两千余名生活在遗存周边的知情人，从他们的口中获取有价值的线索和鲜活的资料。

　　太多的"原来如此""居然是这样"冲击着我，刷新着我的认知；在它们的激励下，我提起笔，以历史事件为经，以文化遗存为纬——用历史事件串联编织文化遗存——撰写了这部《三国遗迹寻踪》。希望此书能呈现一个在历史的天空中永远激荡回响的三国、一个在广阔的大地上鲜活生长的三国、一个历经一千八百年都没有从国人心中消失的三国。

"人事有代谢，往来成古今。江山留胜迹，我辈复登临。水落鱼梁浅，天寒梦泽深。羊公碑字在，读罢泪沾襟。"这是孟浩然与诸师友登岘山时留下的名篇。登临岘山，向东望去，孙坚殒命的凤林关就在脚下；目光越过滔滔汉江，司马徽隐居的鹿门山遥遥在望；向西望去，卧龙构筑茅庐的古隆中，隐现在峰峦之中；向北望去，号称天下第一城池的襄阳可尽收眼底，王粲楼高傲地矗立在城垣一角；再向远望，汉江对岸便是樊城，依稀可见水淹七军的古战场。

一座岘山，刘表来过，王粲来过，孙坚来过，刘备来过，司马徽来过，诸葛亮来过，曹操来过，关羽来过，羊祜来过，陆抗来过，杜预来过……今日我辈复登临。当年百姓为羊祜所立的堕泪碑早已不复存在，然而望着江山胜迹，汉之广矣，我仍同孟夫子一样，泪沾衣襟。

不只岘山，还有三义宫里的桃花、富春江上的烟渚、袁家埂前的烈酒、铜雀台边的瓦砾、洛阳宫城的废墟、灞陵桥旁的细雨、赤壁崖下的惊涛、葭萌关头的旌旗、落凤坡中的乌雀、五丈原上的秋风、姜维墓前的秦腔、西塞山下的芦荻……它们都曾模糊了我的双眼。

十万里征途，让人心潮澎湃的，除了一次次的"遥想公瑾当年"，还有一个个不期而遇的温暖的人——有的人放下农活主动带我去荒岭中寻找遗迹；有的人拿出珍藏几十年的资料与我分享；有的人恨不得挨家挨户把全村人都叫来同我座谈，让他们将祖辈留下的传说讲给我听。

当然，旅途中也有许多景象令人心生寒意——最触目惊心的莫过于近百年来生态环境与文物古迹遭到的破坏。许多山体因开矿采石而被毁，很多河流受到污染甚至已经干涸；有太多的古城被铲除、古墓被平毁、古庙被拆解、古碑被砸碎……以至于很多老人仅能凭记忆描述他们儿时古迹的模样。

抛开沉重的话题，说几句轻松的题外话。读三国，如果能在头脑中形成对三国历史的时间感和空间感，那一定是十分有趣的。形成空间感的最佳途径自然是到历史发生的现场去考察、体验，当然，如果时间不允许，我相信大家看了这本《三国遗迹寻踪》也会有所收获。

对于时间感的形成，这里介绍一种有趣的方法：2020 年是三国鼎立一千八百周年。在一千八百年前的 220 年，关羽殉节，曹操病逝，曹丕称帝，中国历史正式进入三国时代。如将当时的年代加上一千八百年，汉末三国就来到了当下。这样就可将自己置身于历史的时间轴中，切身感受一个事件同另一个事件的时间距离。

滚滚长江东逝水，浪花淘尽英雄。是非成败转头空。青山依旧在，几度夕阳红。　　白发渔樵江渚上，惯看秋月春风。一壶浊酒喜相逢。古今多少事，都付笑谈中。

一曲《临江仙》出自明代才子杨慎的《廿一史弹词》。虽然杨慎的这篇弹词本非寓指三国，但自清初被毛宗岗父子放在《三国演义》卷首，便广为流传。时至今日，那慷慨悲凉又恬淡超脱的词句已经融入《三国演义》的血脉，难解难分了。

"古今多少事，都付笑谈中。"正说与笑谈永远是阐释历史的两只手，一只手在庙堂，一只手在江湖；一只手牵着英雄，一只手挽着渔樵；一只手书写文治武功，一只手抚摸秋月春风；一只手执掌江山万里，一只手斟满浊酒一壶。既然如此，那就让它们拍在一起，赞美江山，赞美春秋，赞美英雄，赞美渔樵！

谨以此书纪念三国鼎立一千八百周年。

谨以此书献给英雄，献给渔樵，献给秋月春风。

纪陶然

目 录

一

桃园结义

盗墓，帝陵挥之不去的梦魇

讲三国，要从汉桓帝讲起，皆因汉末的乱世肇始于桓帝。诸葛亮《出师表》说："亲小人，远贤臣，此后汉所以倾颓也。先帝在时，每与臣论此事，未尝不叹息痛恨于桓、灵也。"这是当时人们普遍的看法，也是刘备和诸葛亮的共识。

汉桓帝是东汉的第十任皇帝，却不是第九任皇帝的儿子。第九任皇帝汉质帝九岁时就被外戚梁冀毒死了。梁氏集团密谋迎立汉章帝之曾孙、河间孝王刘开之孙、蠡吾侯刘翼之子刘志为帝，这便是汉桓帝。在隐忍了十多年之后，汉桓帝借用身边宦官单超等人的力量，一举铲除了梁氏集团。这本是好事，全国上下都期盼着皇帝从此能锐意革新，重振朝纲。然而汉桓帝发动政变只是为了夺回自己的权力，他并没有满足臣民的期待，而是信任、重用政变中立下功勋的宦官，从此朝政大权落到了宦官手里。士大夫与太学生等文官阶层忍无可忍，与宦官集团的矛盾爆发，冲突升级。桓帝下令逮捕领头的文官，并将两百多名太学生禁锢终身，永不录用为官，从而酿成了"党锢之祸"。

宦官集团从此更加跋扈，一直压制外戚势力与文官集团，从而造成了东汉政府的内疾。后来外戚何进引董卓入京，就是为了诛灭宦官。文官集团遭遇"党锢"，使东汉朝廷自身的免疫系统被破坏，无法依靠贤德的重臣驱邪祛病。朝堂乱象又延伸到民间，民不聊生，埋下了动乱的祸根。巨鹿人张角借机开始传播他的主张。

桓帝于三十五岁的盛年撒手人寰，给国家留下了一个烂摊子。《后汉书》中说："（建宁元年）二月辛酉，葬孝桓皇帝于宣陵。"洛阳东汉帝陵分为北兆域即邙山陵区和南兆域即洛南陵区，汉桓帝的宣陵在南兆域范围内。

关于宣陵的陵址，晋代皇甫谧在《帝王世纪》中说得详细："（桓帝宣陵）山方三百步，高十二丈。在雒阳东南，去雒阳二十里。"经过千百年的沧桑巨变，这个位置今天已经不容易找到，故而宣陵的陵址考古学界一直没有完全确定，但它有很大概率是在今天的河南省偃师市大口乡经周寨村和经周村之间——一条南北向乡村小路将两个村庄分开，在小路西侧的耕地中，远远可以看到几堆硕大的封土。

其中现存规模最大的一座封土被当地人称为"最大冢"。这座冢子方圆都在五十米以上，按道理来说它应该是帝陵，而其他几座小一些的冢子为后妃的陪葬陵。但情况似乎并没有那么简单。在乡村公路边，有一座方圆十几米的冢子，四周被削切得很陡，可明显看出它原来的规模要比现在大得多。当地老乡讲，这个冢子在以前比"最大冢"还要大，只是因为修路、取土等原因，才成了今天的样子。如果真是这样，它有可能才是帝陵。

几座冢子身上千疮百孔，有多处明显的盗洞，有些盗洞大得甚

疑似汉桓帝宣陵最大冢

至现在还能容人下去。盗墓发冢是宣陵的噩梦，这场噩梦一千八百
多年来一直不断，甚至在宣陵建成之初就开始了。

　　桓帝死后刚刚三年，就有盗墓贼盗发宣陵陵园中的冯贵人墓，
《后汉书》记载："冯贵人冢墓被发，骸骨暴露，与贼并尸，魂灵
污染。"有时我在想，逝者葬后，堆上一座硕大的封土作为纪念，
反倒为盗墓者竖起了发冢的标识，这真的就是明智之举吗？

疑似汉桓帝宣陵

那座疑似帝陵的小冢子周围现在是一片葡萄园。人间四月天，葡萄藤正在默默地抽着嫩枝。葡萄藤与汉陵映在一处，让我想起《古从军行》中的"年年战骨埋荒外，空见蒲桃入汉家"。实际上，不光是战骨埋在荒外，金枝玉叶的龙体不也埋在了荒外吗？这里只有葡萄藤在年年发着新芽。

汉桓帝被埋葬在洛阳城外，但他在洛阳城里的位置不能空着。桓帝无子，朝廷再次到河间迎立和桓帝亲缘比较近的河间孝王刘开的曾孙、解渎亭侯刘苌之子刘宏为帝，是为汉灵帝。

河间孝王刘开的子孙中一下子出了两代皇帝，河间国一时成了东汉王朝的重地和福地。桓、灵二帝先后追封他们葬在河间的四位先人为"皇"，并将他们的陵寝按照帝陵的规格重新改建。这四座陵寝分别是孝穆皇河间孝王刘开的乐成陵、孝崇皇蠡吾侯刘翼的博陵、孝元皇解渎亭侯刘淑的敦陵、孝仁皇解渎亭侯刘苌的慎陵。它们被称作"河间四帝陵"，目前作为"献县汉墓群"的一部分，是全国重点文物保护单位。四陵中，乐成陵和博陵的具体方位目前还没有确定，慎陵与敦陵都位于河北省沧州市献县陈庄镇双岭村。

双岭村的村名实际上就是"双陵村"。在来考察的路上，我脑中幻想着必会有两座陵墓并立在村外的耕地上，但是无论怎么找都没发现。我到村中询问村民，一位大叔笑着指指脚下的土地：你就在双陵的上面。

在明清时期，此地经常发洪水。一有水灾，附近居民就到封土顶上躲避，这里成了十里八村的挪亚方舟。后来，人们索性就在封土顶上盖房居住，渐成村落。我恍然大悟，进村时确实感觉到了明显的爬坡，只是当时并没在意。整个村子就建设在陵墓之上，这封土得有多大？

在双岭村外，还有一座孤零零的陵墓，为了与双陵区分，人们习惯上称之为单陵。有学者认为双陵就是慎陵与敦陵，而单陵另有墓主；也有学者认为双陵只是敦陵，单陵才是汉灵帝父亲刘苌的慎陵。单陵与双陵究竟有什么关系，目前还无定论。但是盗墓者不管那些，他们看中的只有利益。

据《河北法制报》的消息，单陵曾在 2012 年 2 月被盗，墓顶东侧被打出一个直径约 0.7 米、深约 11 米的地洞。警方于 3 月破案，追回两件铜质鎏金文物。更令人气愤的是盗墓事件的组织者竟然是当地的文物保护员。如今的单陵顶上已经立起监控，警示牌上写着"天网监控区域，切勿以身试法"。但监控能够监视人心吗？

建在双陵之上的双岭村　　　　　　　　单陵盗洞

单陵文物保护碑的文字说明

汉灵帝预料不到一千八百多年后自己父祖陵墓所面临的危险，他只是一味将陵墓修得大大的高高的，以示孝道，但真正的孝道是守护好祖先留下的江山，而对这一点他似乎不以为意——汉桓帝留下的烂摊子在他手上继续烂了下去。

终于，巨鹿人张角带领信徒，头扎黄巾揭竿而起，一时天下震恐。

像张角这样的人，历代统治者都切齿痛恨，避之不及。我万万没想到，他也有墓葬流传下来。张角墓所在的河北省定州市子位镇七级村，是华北大平原上一个普通得不能再普通的村庄。来到村中，我向一位大娘询问张角墓的情况，大娘却不知我在说什么。几经沟通，大娘才听明白，说道："哦，你要找的是张家坟啊。"原来在村中，人们闭口不提张角墓，只说张家坟。这或许就是这位农民起义领袖的墓葬能够历经千年保存下来的原因。

　　大娘指点了具体的位置，我在村子中间找到了张角墓。在墓旁，我遇到一位老大爷，他对我说，张角墓原先在村南口，但是随着村子的发展，不断有人在墓周围盖房子，现在墓已经在村中间了。因为张角墓是这一带的制高点，在抗日战争时期，墓上面曾经有日本

破坏严重的张角墓

张角墓封土一侧被人为切削，并摆上了红砖

人的炮楼。据说修筑炮楼的时候曾经挖出过墓砖。村里目前还有张氏的后人，以前张氏后人还会在张角墓的周围埋葬，后来村里统一规划了墓地，张氏后人也就放弃了这片族茔。

"省里和市里每年都会有相关部门的人来此查看，禁止村民在墓周围盖房，更不让在墓上取土，可是管不住。谁听呢？"老人无奈地摇了摇头："以前张角墓非常大，现在是越来越小了。"

过去，张角是被历代"正人君子"所不容的人，他的墓葬居然穿越一千多年的风雨，留存到了今天。而如今，这座墓葬却面临马上就要消失的窘境。

由于黄巾军旋起旋灭，加之历代统治者将其视为魔道，所以他们留下的遗迹不多，墓葬就更少了。除了河北的张角墓，山东还有一座被当地人称为"黄巾冢"的古墓，据说那里是三十万黄巾军的最后归宿。

"黄巾冢"位于滨州市阳信县商店镇黄巾寨村西口的耕地中。据当地村民介绍，黄巾军曾经驻扎在这里，故村名为黄巾寨。"黄巾冢"又名"肉丘坟"。关于这个名字，一位老乡为我讲了一段恐怖的传说：黄巾军在此同官兵激战，数十万将士几乎全军覆没。官兵撤走后，人们挖了一个大坑，将牺牲者聚葬。因为尸体太多，最终形成了高高的尸堆，人们又在尸堆上覆土，才形成了黄巾冢。当地人说黄巾冢的土壤明显不同于周边的黄土，而是黑褐色的黏土，是黄巾将士的血肉所化。

老乡的话让人听得毛骨悚然，黄巾冢真的有这么恐怖的过去吗？我对黄巾冢仔细观察，发现其土质确实发黑，有别于周边的黄土。我抓上一把黑土和了一些水，发现它的黏性很大。这真的曾经

阳信黄巾冢

通过一处墓洞观察，黄巾冢的土质确实有别于周围的黄土

是黄巾将士的血肉吗？

但我发现封土内有陶器碎片，并有夯筑痕迹，应该就是普通的人工夯土，用的是汉代筑墓的普遍做法。据我臆测，这里可能就是一处汉代墓葬，封土本来和周围的土质没有区别。但是因历代黄河泛滥冲积，周围渐渐成了黄沙土，而墓葬封土较高，没有被黄河水淹没，自然保留了原来的土质。

关于这座黄巾冢的来历，当地还流传着"关羽破黄巾"的传说——黄巾军的首领张角会法术，用纸剪出很多小人，顷刻间就能变成真的士兵。一次和关羽接仗，张角又用此法。不想关羽也是神仙下凡，受老天保佑，霎时天降暴雨，纸人全都湿了，瘫软在地上。张角就将新剪出来的纸人全都刷上油，这样就不怕雨淋了。哪知道关羽更胜一筹，放了一把火——浸油的纸人见火就着，全都烧没了。这就是民间"呼风唤雨""撒豆成兵"故事的翻版，我听得倒是饶有兴味。它引出了三国历史上一位英雄人物：关羽。

从解州到涿州，武圣关羽身上的第一束光

关羽在三国时期并不是非常重要的人物，他是蜀汉名将不假，甚至当时被很多人认为是蜀汉唯一的名将。如魏国朝堂上曾经众议："蜀，小国耳，名将唯羽。"但仅此而已，关羽和曹操、诸葛亮、司马懿等大政治家、军事家不可相提并论。

可是若论对后世的影响力，关羽在三国时期的人物中又无出其右，不要说刘备、曹操、孙权，就是被誉为"三代以下一人"的诸葛亮，也难以与之匹敌。这个局面是一千多年来多方面因素造成的，绝不是一句"封建统治者因政治需要而刻意神话"就可以蔽之的。我们要沿着关羽的人生轨迹去探寻这背后的原因。

《三国志·关羽传》开篇写道："关羽字云长，本字长生，河东解人也。亡命奔涿郡……"说了他的由来，也说了他的去向，但为何"亡命"却没有交代。那我们一起去关羽故里解州看一看。

　　解州古称解梁，即今运城市盐湖区向西南约 15 千米的解州镇。到了解州，吃上一碗当地有名的羊肉泡馍，老板会不厌其烦地对你说："'解'字在这里读'hài'，我们这里是'亥州'。"

　　见你略有所悟地点头，老板会接着说，这里是出关公的地方，但关公的老家不在解州城里，在出解州城东门向东约 8 千米的常平乡常平村。

　　常平村是否真是关羽故里，于史无考，但现今那里存留着一座关帝庙，据说是在关羽故宅上建造的，叫关羽家庙，又叫关帝祖祠。

　　常平关帝庙北靠运城盐湖，南面中条山，据文献记载始建于隋初。庙中有两株古柏，据测定，已经有约一千八百年的历史。这两株柏树在殿前一东一西，位置周正，不似野生，说明这里在关羽生

常平关帝庙

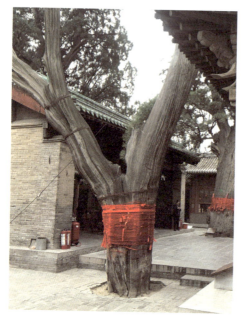

常平关帝庙中的汉代古柏

活的年代确实已有建筑了。

常平关帝庙在金代渐渐成为规模宏大的庙宇，庙内现存建筑是明清时期陆续修建的。天下关帝庙多矣，而常平关帝庙是唯一一座奉祀关羽始祖及三代祖先的家庙，对研究关帝信仰有独一无二的价值。

比如在圣祖殿内，供奉着关羽的始祖：关龙逄。此人是传说中夏代的名相，因苦谏暴虐的桀王而被杀。因与关羽同姓，又是忠义良臣，民间将其视为关羽始祖。我站在关龙逄圣像前久久沉思。"关龙"——豢龙，我突然想到了关羽的一个经典形象：御龙关公。传说关羽被加封为伽蓝菩萨后，佛祖赐其一条祥龙追随左右，御龙关公之名由此而来。但是如果民间认可关龙逄是关羽始祖，那御龙关公的形象，就有可能与关龙逄有关。

舜帝时有个叫董父的人擅养龙，舜帝得知，赐董父为豢龙氏。东汉王符在《潜夫论》中就认为关龙逄即"豢龙逄"，是古代豢龙氏的后代。那关羽岂不也是豢龙氏的后代？看来关羽御龙还是重操祖业了。而关羽的兵刃被称为"青龙偃月刀"，可能根源也在这里。

当地人将这里认作关羽的祖宅，最直接的证据是庙中有一座祖宅塔。细读祖宅塔旁刻于雍正年间的《汉关大王祖宅塔记》，原来祖宅塔下本是关羽家的水井。关羽年少时为民除害，杀了本地的恶霸豪强，亡命天涯。关羽父母为了不牵扯儿子的精力，遂双双投井自尽。后世村民有感于关羽扶汉兴刘的义举，在井上建塔作为纪念。现存古塔有七层八角，为金大定十七年（1177）所立。

这则传说不管真伪，至少已经流传千年。在人们的心目中，关羽在桃园结义之前，就已经是一位名重乡里的义士。这是人们对关羽"亡命奔涿郡"的解读，也是关羽身上的第一束圣光。

刻于清朝雍正年间的《汉关大王祖宅塔记》

游览完关羽家庙，天色已晚，我可能已是最后的游客。走出山门时仰头看见南面黑漆漆的中条山，突然想起一副常挂在关庙春秋阁上的楹联：

北斗在当头，帘箔开时应挂斗，南山来对面，春秋阅罢且看山。

不管是什么原因，也不管如何艰辛，关羽终究是在黄巾起义前跨越了八百里太行山，流落到了涿郡（今河北省涿州市）。在这里，他遇到了自己一生的知己：刘备与张飞。

常平关帝庙祖宅塔

　　刘备与张飞都是涿郡本地人，但家世与境遇都有很大的不同。刘备"字玄德，涿郡涿县人，汉景帝子中山靖王胜之后也"（《三国志·先主传》）。刘备是西汉中山靖王刘胜之后，是汉室宗亲，但是不是"大汉皇叔"，倒不好说。从刘胜到刘备经过了三百多年，其间并无谱牒可查，因此刘备是刘胜的第多少代后裔是无法说清的。《三国演义》中有刘备的家谱，但那是小说家之言，并不可信。

　　中山靖王刘胜是第一任中山王，是汉武帝的兄长。1968 年，解放军某部在河北满城一座叫作陵山的小山上施工时，意外凿穿了一座古墓的右耳室。经考古学家现场鉴定，确认该古墓正是刘胜之墓——考古学界将其命名为满城汉墓。满城汉墓中出土的文物之精美举世罕见，其中金缕玉衣、长信宫灯等都是国宝级文物。满城汉墓也是 20 世纪中国最重要的考古发现之一。

满城汉墓所在的陵山在满城县县城西面，是一座石灰岩小山，自西而来的"天下之脊"——巍巍太行到这里突然停止，再向东就是茫茫无际的华北大平原。

从山脚下走到墓口，有多远我不清楚，但总要有数千级台阶。我爬了许久，直到汗流浃背，才看见墓口。因为浑身是汗，我畏惧墓室的寒凉，在墓外徘徊了很久，不敢贸然进去，正好趁机对这里的环境做一番打量。墓室为东朝向，居高临下，每天能够接收到东方第一缕阳光。站在墓口向东望去，可以俯瞰华北平原，将整个保定城尽收眼底。陵山周围还有几座石灰岩小山，但是已经被开采得

满城汉墓所在的陵山

面目全非，即使还留下一些残躯断肢，也是光秃秃的没有生气。只有陵山郁郁葱葱——显然因为它是旅游景点而被人们刻意加以保护与装扮。

在这么高的山峰上修的墓，比起刘胜兄弟宗亲们那些在平原上平地起封土的诸侯王大墓，防盗性能不知好了多少倍，难怪它两千多年来都没有被盗掘——但修墓难度也可想而知。据分析，满城汉墓的修建方式是先用火烧岩石，待岩石烧热后，立刻泼上冷水，瞬间的温差变化使得岩石变脆，这时再锛、凿、锤、斧一起上，才在山岩间抠出个墓洞来。满城汉墓因此也被称为天下第一崖墓。

满城汉墓墓室内部

满城汉墓内部堆放随葬品的耳室

待汗消后，我才进了墓室。果然墓室温度陡然降低，令人顿觉冰冷刺骨。墓内的珍贵文物已经被悉数取走，另行保存，如今摆放在这里的是一些复制品，寥寥无可观者。倒是墓室的结构如渗井、排水沟、回廊等值得一看。

刘备的故里在今天的涿州市楼桑庙村。从满城汉墓到楼桑庙村，直线距离不到 80 千米。这一支汉室苗裔没有走得太远，依然依傍在祖先的周围，只是地位已经一落千丈。刘备的祖父还做过县令一类的小官，到了其父刘弘，已经"不仕"。刘弘去世后，因家贫，刘备同母亲只能靠织席贩履度日，时常要接受宗族亲友的接济。但刘备的母亲深明大义，待到刘备十五岁的时候，毅然送他到同郡的大儒卢植那里去读书。

今天，如果沿着京港澳高速公路出京，行驶约 50 千米，在涿州北收费站下高速，再向东行驶 500 米左右，就马上可以看到路边的范阳卢氏宗祠，汉末大儒卢植就长眠于此。范阳卢氏视卢植为始

范阳卢氏宗祠

祖。在卢植墓前有一座石牌坊，左右立柱上的楹联曰："名著海内，学为儒宗；士之楷模，国之桢干。"此语出自曹操之口。曹操北征时经过涿县，曾对县令说："故北中郎将卢植，名著海内，学为儒宗，士之楷模，国之桢干也。"（《后汉书·卢植传》）并命县令修缮卢植墓，岁时祭扫。

在三国时期之后，范阳卢氏世代簪缨，声名远播，成为北方四大士族之一，禅宗六祖惠能、初唐四杰之一卢照邻都出自范阳卢氏门阀，而官至宰辅、牧守的卢氏后人，更是不计其数。从三国时期到唐代，正史上留名的范阳卢氏人物就有八百多位。卢植的后裔中还有人泛海东渡，到朝鲜半岛定居。

比起刘备玄远模糊的家世，刘备的师承更加清晰，对他早年的崛起也更有裨益。在卢植门下，刘备不但增长了学问见识，还与同学辽西人公孙瓒结为好友。后来公孙瓒较刘备更先成为一路诸侯，叱咤河北，刘备在事业的起步阶段一直受到他的鼎力相助。

当然，学生时代的刘备学习成绩可能很一般。卢植是纯儒，当年他在名儒马融门下学习，马融"多列女倡歌舞于前。植侍讲积年，未尝转眄，融以是敬之"（《后汉书·卢植传》）。那么多的美女在面前跳舞，卢植居然不斜视一眼，这一点刘备是做不到的。刘备的性格是"不甚乐读书，喜狗马、音乐、美衣服"（《三国志·先主传》）。这种差异使得刘备不能像老师那样做个饱学的鸿儒，而能在乱世中做个枭雄。

刘备离开了老师，去开创自己的事业。他在家乡结交豪侠，乡里少年争相依附他。这些人中最重要的两位就是关羽和张飞。

先主于乡里合徒众，而羽与张飞为之御侮。——《三国志·关羽传》

张飞字益德，涿郡人也，少与关羽俱事先主。——《三国志·张飞传》

今涿州城南有一个小村名曰忠义店，传说此地汉代便有村落，因多有桃树，故在当时被称作桃庄。张飞家世代居于此，以屠猪贩肉为业。张飞成名后，此地改名为张飞店。民国年间，当时的涿县县长认为直呼张飞之名有不敬之意，遂将此地改名为忠义店，并沿用至今。忠义店村中有一座张桓侯庙，俗称张飞庙，始建于唐初。在庙南有一眼古井，人称张飞井。

在张飞井旁，有一通清康熙三十九年（1700）所立的石碑，上刻有《汉张桓侯古井碑记》。细读这通古碑，读到的竟是一个耳熟

涿州忠义店村张飞庙

张飞井

能详的故事。

张飞屠猪贩肉，夏天如果肉卖不完很容易变质，张飞就将肉放在井中，上面覆以千斤巨石，并对周围的百姓说，谁能够挪开巨石，里面的肉随便他取用，分文不收。关羽正亡命至此，听闻此言就走过去搬开巨石取肉。张飞见关羽有如此大的力气，就上前与之角力。这个场面正巧被刘备看见，于是上前劝阻，三人就此结识，惺惺相惜。

这一桥段相信读者都不陌生，但它并不见于《三国演义》，更不见于史料，而只是忠义店附近代代相传的一个民间故事，并被保存在这通古碑上。它之所以为大家所熟知，是因为1994年版《三国演义》电视剧使用了这个情节。

若真去寻找这则故事的来源，恐怕要追溯到元代杂剧《刘关张桃园三结义》了。该剧中有类似情节，只是将"井"换成了一把刀。张飞将切肉刀放在巨石之下，声言谁能搬动巨石拿出刀来谁就可以随意取肉。

这就是"三国"故事的魅力——它汇集了我们民族的智慧，始终在自我扬弃，始终在发展变化，从不会停下脚步。

　　不管是因为怎样的机缘巧合，也无论这期间的情景到底如何，刘、关、张三个人终究是在涿郡聚首了，蜀汉的三人核心集团就这样形成了，历史也将因此变得不同。但问题接踵而来：他们到底结义了吗？

　　刘、关、张三人桃园结义是《三国演义》中最动人的情节，正是因为这场结义才使得汉末的乱世灾难多了些许温情与悲壮。

　　如今在涿州市忠义店村，汉桓侯庙南侧，有一片桃园，传说那里便是桃园结义的发生地。我去的时候正值桃花乍放，点点鲜嫩的

笔者藏汉画像砖拓片：近景中一人推车，一人卖肉，一人当街而立，酷似民间传说中刘、关、张相遇时的情景

涿州市忠义店村桃园结义遗址——结义亭

桃花钻出干枯的枝干，更彰显出周而复始的生命是那样顽强和守信。

"桃园结义"的故事史籍不载，也没有其他证据表明汉末有异姓兄弟金兰结义的习俗，我很不情愿地认同这事或许是后人的杜撰。但没有桃园结义的仪式不代表刘、关、张之间就没有结义的情谊。

《三国志·关羽传》载："先主与二人寝则同床，恩若兄弟。"《三国志·张飞传》载："羽年长数岁，飞兄事之。"可见他们之间确实有着超乎一般的感情，亲如兄弟。

之所以出现桃园结义的情节，可能与商品经济发展后大量人口逐渐脱离宗族在外谋生有关。这些人要同原先不认识的人产生密切联系，彼此须要信任支持，故结义之风逐渐兴起，刘、关、张这样重义守信的历史人物就成为他们所崇拜的榜样，故而为三人杜撰了结义的情节。这一情节最晚在宋代就已经产生。1249 年，忽必烈的幕僚大儒郝经就曾在重建关王庙的碑记中写道："王（关羽）及车骑将军飞与昭烈帝为友，约为兄弟。"（《汉义勇武安王庙碑》）但事情的发生地点似乎还没有固定为"桃园"。

到了元代，产生了杂剧《刘关张桃园三结义》。为什么将刘、关、张结义的故事场景选在桃园？我认为，首先，涿郡是重要的桃树产地，桃园分布广泛，所以符合地域特征；其次，张角在农历二月仓促起事，朝廷招兵榜文传到涿郡，正值桃花盛开的阳春三月，所以符合时间特征；最后也是最重要的一点，即桃的意象：其一，古人相信桃树有驱邪消灾的功能，桃园的这场结义暗含着消灭黄巾军的寄托；其二，桃花代表着万物复苏的春天，象征着希望；桃园结义承载着振兴汉室的希冀；其三，桃还是兄弟情谊的象征——《乐府诗集·相和歌辞三·鸡鸣》曰："桃生露井上，李树生桃旁，虫来啮桃根，李树代桃僵。树木身相代，兄弟还相忘！"人们用桃李同生共难，李代桃僵来比喻兄弟同甘共苦，生死不离。

天下三义庙，

一座庙宇，一种信仰

　　桃园三结义的故事流传开后，民间出现了一种独特的庙宇：三义庙。庙内供奉刘、关、张三人。我在全国走访过多处三义庙历史遗存，它们各有特点，我试着举出十几处，来说明其现状及桃园结义这种文化现象在全国的影响力。

　　拿首都北京来讲，在我探访过的三义庙旧址中，一些已经没有了庙宇，只剩下地名；有的甚至连地名都没有留下。

　　其一在海淀区北三环西路北侧，紧邻苏州桥。目前该地叫作三义庙社区，已经没有了庙宇的痕迹。

　　其二在朝阳区崔各庄乡奶子房村。村子西北角原有座三义庙，于20世纪50年代以后被拆除，并改建为农田水利灌溉站。当地老人还对其印象深刻。

　　其三在原石景山区古城村。村前街东口曾有座三义庙，于早年被拆除。该村 2009 年已经拆迁改建。

其四在延庆区旧城东北隅。庙宇早已不存，只留下一条南北走向的三义庙街。

当然，也有些庙宇受到了保护和修复。如延庆城区往东约 18 千米的永宁古城城西和平街村的那座三义庙。该庙始建于明代，目前已经得到了文物部门的修复。

又如北京最为大观也最有意义的三义庙位于通州区玉带河东街 358 号。这座三义庙始建于明万历九年（1581），目前只有院落一进、山门一座、正殿三间，山门为歇山顶，拱券无梁，门头嵌有砖雕匾额，上书："古刹三义庙"。民国年间，国民革命军第二十九军曾在此驻扎，与通州城内的日伪军对峙。新中国成立后因这里被粮食加工厂占用而得以留存。它坐落在北运河畔，是明清运河水运和商品经济繁荣的见证。运河上的商旅、水手和码头工人终年背井离乡，在陌生的环境中奋斗，迫切需要和周围的伙伴结成信义关系，而刘、关、张三人身上所承载的"信义"符号就成为他们的精神寄托。漫步在这个不大的小院落中，可以遥想三四百年前，有多少人三三两两结帮成伙跪倒在神像面前，伴随着弥漫的香火，对神像发下誓言，永不相负，乞求神像保佑他们共展宏图。

很多三义庙都与北京通州三义庙类似，建在重要的码头附近，成为码头文化的重要组成部分。码头催生着结义行为，催生着帮会组织，也催生着三义庙。如福建泉州南薰门处有一座泉郡三义庙，它就近邻泉州古市舶司遗址，相距不到百米，见证了这座曾经的东方第一大港的兴衰。

运河港口如此，对外海港如此，内河港口也是如此。

　　万里长江自古限隔南北，过江，无论对谁，都不是小事。即使在今日，长江上已有多座跨江大桥，但仍然有很多水段需要靠摆渡过江。湖北石首市的三义寺汽车渡口可能是万里长江上最繁忙的渡口，每天大约有三千辆汽车在此过江。渡口名称的由来皆因南岸渡口畔在古代有一座三义寺。

　　三义寺坐落的位置是长江荆江段的险滩，长江自北而来，流经此处突然向东折去，形成巨大的回流。黄庭坚曾面对巨涛惊愕而忧虑，留下诗句：

> 山转江回万石湾，春风二月起波澜。
> 漩涡凝泻因生怒，碍石船流岂暇安。
> ……

——《万石湾》

湖北石首市三义寺汽车渡口旁的三义寺，现已更名为东岳寺

古时行船至此，多有水难，故人们在此立三义寺，乞求刘、关、张兄弟的保佑。

三义寺几度兴废，最终在百年前化为废墟。20 世纪 80 年代，人们在三义寺遗址重新建寺，并将其改名为"东岳寺"。

我在东岳寺中向一位修行者打听三义寺的前世今生。

修行者言："此处原先确实是三义寺，重修后变作东岳寺了。"

"那寺中还会供奉刘、关、张吗？"

"会的。在伽蓝殿中。"

这座东岳寺中的伽蓝殿平时并不开放。修行者特意找来钥匙，帮我开了门。

我向里面探望，只见关羽居中而坐，刘、张二人在侧坐相陪。可能因为伽蓝殿是寺庙中供奉关羽的殿堂，帅不离位，所以他的大哥刘备也就只能坐在客席了。

在当今社会，三义寺的信众不如东岳寺广泛，故重建后"三义"就不能当主角了，冠名权也要让出来。这是刘、关、张信仰的局限性造成的。

还有一些供奉刘、关、张的庙宇被改头换面，这种情况也并不是因为三义信仰式微，而是由于当地民间势力的变化。

在山东省枣庄市市中区西王庄乡有两个紧挨着的村庄：傅刘耀村、冯刘耀村。因民间传说关羽本姓冯，在亡命涿郡的路上过一道关口，守关人问其姓氏，关羽指关为姓，谎称姓关，自此后就改姓关了。所以冯刘耀村的冯家人认为关羽是他们的宗亲，便有冯姓富户捐出自己的土地创建了一座"结义庙"，供奉刘、关、张。但是这座庙宇建在傅刘耀村内，后来傅刘耀村的傅姓村民将其改为"傅相祠"，供奉傅姓人的始祖商代名相傅说。"傅相祠"南侧现存两棵千余年的银杏树，是那座"结义庙"的历史见证。

当然，也有不少三义庙静静地隐在乡村之中，虽然没有了以前的香火，却还倔强地保持着原来的姿态。我认为，位于山西省稷山县翟店镇西位村的三义庙是全国乡村三义庙的翘楚。

我到西位村时正值天降大雨，三义庙也未开放。打听到一位老大娘掌管钥匙，我便找到她，请她帮忙才得以进入这座始建于元大德七年（1303）的古庙。

这座庙宇目前只剩下院落一进、正殿五间。殿前过厅是结构复杂的木建筑，表面的纹饰虽已斑驳，却看得出曾经的雕梁画栋。过厅下有老乡晾晒的玉米。殿内供奉着刘、关、张三人的坐像。刘备

山西省稷山县翟店镇西位村三义庙

居中而坐，左右有赵云与黄忠侍立。关羽和张飞分别在两侧而坐。关羽左右有关平、周仓侍立，而张飞只是一个人孤零零坐着。这几尊神像明显是新塑的，而大殿两侧的山墙上却有两幅古老的壁画。一边是"虎牢关三英战吕布"，一边是"关夫子单刀赴会"。壁画绘制精细，人物或鼙或鼛、或动或静都显得生动传神。

为什么神像是新的，而壁画却是老的？我问帮我开门的大娘。

原来这里曾经被改造为生产队的库房，后来还做过村中的卫生所，以前的塑像占地方，都被砸掉了。但墙上的壁画不碍事，所以没人管它。现在的塑像是这几年村里出钱新立的。

说着她用手指了指山门的门房。我仔细一看，门房上有一个小窗口，隐约可见"取药处"三个红字。虽说历经磨难，但大殿的主体建筑总算是保存下来了，我为这座三义庙感到庆幸。

说到保护，不得不说成都的一座三义庙。在今天成都武侯祠中，有一座三义庙，它原先并不在这里，而是在提督街，为康熙元年（1662）所建，乾隆、道光年间屡有修葺。1996年，因成都市政建设需要，无法在原地保护，于是将其整体移建到武侯祠内。作为一处渊源有自、流传甚久的三国文化遗存，能以这样一种方式得到保存，也算是适得其所了。

寻访了这么多三义庙，要想看天下所有三义庙中的"压卷之作"，还要回到初心，回到原点，回到"桃园结义"的诞生地——刘备故里楼桑庙村，去看看那里的敕建三义宫。

一个"敕"字、一个"宫"字，体现了这座三义庙的地位。此庙始建于唐乾宁四年（897），当然，那时还没有桃园结义的说法，庙宇还只是供奉刘备的汉昭烈帝庙，当地俗称其楼桑庙。明正德三年（1508），明武宗朱厚照亲赐玺书"敕建三义宫"，使它成为皇

成都武侯祠三义庙内景

封庙宇，恢宏一时。而到了 20 世纪后半叶，这座三义宫只剩下了破损的歇山式山门殿，其余建筑荡然无存。如今经过修复，它又重现了当初的巍然。

　　比这座三义宫本身更有名的是三义宫的庙会。据说农历三月二十三日是刘备的诞辰。这天，周围数十里的百姓扶老携幼，云集于三义宫，举行庙会活动——名曰"楼桑春社"，在古代是"涿州八景"之一。

敕建三义宫我本已去过多次，因一个偶然的机会，我听说近年来涿州恢复了三义宫古庙会，很是兴奋，特意在农历三月二十三日去赶庙会，结果看到的景象却是门前冷落车马稀。细一打听，原来楼桑庙会确实恢复过几年，这一两年因组织者害怕人多事多，出现安全问题，所以停办了。一禁了之，永远是最简单有效的选择。

我徘徊在庙前，很想写下一些诗句，但我没有那样的才华。曾有一位当地老乡对我说，罗贯中本人曾经至此拜谒，从而被激发了创作《三国演义》的热情。此事不知真伪，但敕建三义宫坐落京畿，名声又大，历代多有文人墨客、达官显贵流连于此并留下大量诗篇却是事实。不如用古人现成的词句来表达我此时的心情吧。那就选一首在宋明理学最兴盛的年代，一位叫作李贽的儒门浪子，途经此地留下的诗句吧：

> 世人结交须黄金，黄金不多交不深。
> 谁识桃园三结义，黄金不解结同心。
> 　我来拜祠下，吊古欲沾襟。
> 在昔岂无重义者，时来恒有白头吟。
> 三分天下有斯人，逆旅相逢成古今。
> 天作之合难再寻，艰险何愁力不任。
> 桃园桃园独蛩声，千载谁是真兄弟？
> ……
>
> ——《过桃园谒三义祠》

涿州楼桑庙村敕建三义宫

二 奸雄・英雄

曹操宗族墓中

被人刻下的「诅咒」

在汉末的动乱中，有如刘、关、张兄弟者，崛起于社会底层、贩夫走卒之间；亦有如曹操者，崛起于统治阶级、士绅贵胄之间。

曹操是汉末三国历史上最重要的人物，也是最具争议的人物。《三国志》全书以曹操的传记《武帝纪》为开篇，《武帝纪》开头便介绍了曹操的身世：

> 太祖武皇帝，沛国谯人也，姓曹，讳操，字孟德，汉相国参之后。桓帝世，曹腾为中常侍大长秋，封费亭侯。养子嵩嗣，官至太尉，莫能审其生出本末。嵩生太祖。

曹操是沛国谯人，也就是今天的安徽省亳州市人。"亳"作为地名，最早见于甲骨文中，是商代早期都城之一。到了汉代，亳州处于豫、徐、扬三州交界之地，又是豫州的治所，城北有淮河支流涡水经过，交通便利，人文荟萃。

据说汉初相国曹参的后代在亳州繁衍生息，使曹氏家族成为亳州重要的名门望族，而曹操就来自这个家族。至今，在亳州还有很多关于曹氏家族及曹操的遗迹。

今天，我们无法将曹操的先人谱系直接和曹参对接，曹操家族的情况只能上溯到曹操的曾祖曹节。

曹节，也有文献称其为曹萌，因为"节"的繁体字与"萌"的字形非常相似，很有可能是某人抄书的时候抄错了。但到底哪个字是正确的，应该叫曹节还是曹萌，目前还没有答案。

不过，曹操有个女儿就叫曹节，她嫁给了汉献帝。《后汉书·皇后纪》曰："献穆曹皇后讳节，魏公曹操之中女也。"曹操应该不会给自己的女儿取自己曾祖的名字。所以曹操的曾祖叫曹萌的可能性还是比较大的。但本书还是按照一般的文献记载，将曹操的曾祖称为曹节。

在史书中，有关曹节的记述只有一个故事：曹节的邻居丢了一头猪，而曹节家有一头猪和那头猪很像，邻居就上门来讨要。曹节也不争辩，直接将自己的猪给了邻居。后来邻居丢的那头猪居然自己跑回家了，邻居才知道错怪了曹节，含羞带愧登门道歉，而曹节只是一笑了之。由此，曹节在乡里得到了忠厚仁义的美名。

通过这个故事，我们可以知道，曹节的家境并非大富大贵，不然他不会直接和邻里交接一些家长里短的小事；但他家里还是有猪的，所以也算家道小康。

曹节有四个儿子，按照"伯仲叔季"的顺序取字，老大字伯兴，老二字仲兴，老三字叔兴，曹操的祖父曹腾最小，字季兴。除曹腾外，其他三人的后辈也很了不起，如老二仲兴有个孙子叫曹洪，老三叔兴有个孙子叫曹仁，此二人都是有名的人物。至于其他宗亲还有很多也很知名。

曹腾自幼进宫为宦官，先后服侍安帝、顺帝、冲帝、质帝、桓帝五位皇帝，待在宫中的时间长达三十余年。宦官，尤其是汉末的宦官，被认为是一群无耻之尤的人，口碑极差，然而曹腾却得到了上下的一致认可，甚至和宦官的对立面——外戚也能相安无事，这是很不容易的。

曹腾年少时就受到了外戚的提拔。他本是一个看守宫门的低级宦官，邓太后看中了他的"温谨"，将他安排在皇太子身边伴读。曹腾不但借机提高了自己的文化修养，也同皇太子建立了深厚的情谊。曹腾的这位少年伙伴就是后来的汉顺帝，他登基后，自然对曹

曹操祖父曹腾的墓葬

腾宠爱有加。曹腾几经升迁，居然做到了中常侍。

几十年后，在汉质帝去世时，曹腾又与外戚梁冀合作，力挺本不该继位的刘志登基。刘志就是汉桓帝，他在登基后，知恩图报，让曹腾做了大长秋（这是宦官所能做到的最高职位，品级仅次于三公），并封其为费亭侯。自此，曹腾从一个宫中的"奴才"变成了有爵位的贵族。延熹三年（160），曹腾去世，他的遗体被送回老家亳州安葬。

在今天的亳州市谯城区，亳州老城以南约10平方千米的范围内，沿着魏武大道两侧，有一个东汉至三国时期建造的庞大的贵族墓群，其中已经探明的大型墓葬就有四十多座，这就是全国重点文物保护单位——曹氏家族墓群。20世纪70年代以来，工作人员已经抢救性发掘、清理了十多座墓葬，其中尤其以董园村发现的两个墓葬引人注目，它们是曹操的祖父曹腾和父亲曹嵩的千秋长眠之地。由于城市改造，董园村已经消失，变成了繁华的闹市，董园墓葬的名称却被保存了下来。曹腾墓和曹嵩墓分别被称为董园二号墓和董园一号墓（按发掘时间命名）。

考古人员在曹腾墓的发掘过程中发现，墓葬受到了多次破坏和盗掘；尽管如此，还是出土了玉衣散片、玉枕、铜猪、鎏金铜马腿、鎏金铜器构件、玻璃珠等文物。曹腾墓是至今发掘的所有曹氏家族墓葬中唯一一座用"黄肠石"砌成的多室墓，墓主人应该是墓群中身份等级最高的人。西汉时期，人们垒砌柏木以为椁室，称之为"黄肠题凑"；东汉时期，人们用条石（被称为黄肠石）代替了柏木。这种石结构墓葬只用于诸侯国王、后妃、公主和高等级贵族、大臣——细数汉末曹操家族中的人，也只有曹腾能享有如此礼遇。整个墓葬分为甬道、墓门、前室、中室、主室、偏主室、南北耳室、

曹腾墓的地宫

东两偏室等。据介绍，墓室用 824 块巨型青条石砌筑而成，而亳州附近不产石料，因此石结构墓就更显得奢华尊贵。

目前，这座小型地下宫殿已经得到清理并被开辟出来对外开放。游人可以轻松进入这座具有近两千年历史的墓穴，以满足对古墓的好奇心。

我去曹腾墓时正是冬季，顺着台阶慢慢走入封土，一股湿热的气流扑面而来。墓道两侧有阴刻人物的画像，是古代的两位神人"神荼""郁垒"——中国早期的门神。传说他们统领万鬼，抵御凶魅。画像中的线条夸张却不失当，造型生动而有灵性。

铺首衔环的石门之上，是双层门额，门额上刻画有"养鹿图"，甚是精美。图中，母鹿口衔灵芝草，八只小鹿围绕在母亲身边，活泼可爱。群鹿两侧还有两位身披羽毛的仙人，手持连理枝，似乎飞腾在云端。进了墓室，我发现石壁、石顶垒砌的工艺非常高超，对缝严合，打磨光滑。

墓室内结构复杂，北耳室是会客厅，南耳室是卫生间，偏室是储藏室和小妾的墓室，偏主室是曹腾妻子的墓室，主室是曹腾的墓室。看来曹腾虽然是宦官，但妻妾俱全。

曹腾下葬那年，曹操才六岁。作为曹腾当时唯一的孙子，他一定是满身重孝地匍匐在这座墓前。他是否曾经像我一样，睁大双眼在这座墓中四处张望，我不得而知。但当我踏在阴冷的青石板上时，总觉得有某些脚印和曹操重合了。

走出墓穴，再次回到"阳间"，阳光还是那样耀眼。视线越过硕大的封土，大约 80 米外就是薛阁塔。薛阁塔下另有一座曹氏墓葬，

曹嵩墓中出土的银缕玉衣

它的发现早于曹腾墓，被称为董园一号墓。董园一号墓在发掘之前被用作砖窑，因常年取土和地下渗水而受到严重破坏，墓室已经被淤泥塞满。从 1972 年到 1973 年，人们对其进行了全面的发掘清理，在一些带有文字的墓砖上，发现了"延熹七年"和"为曹侯作壁"等刻辞。曹氏家族中在延熹七年（164）以前就被封侯的只有曹腾、曹嵩两人。曹腾已经在延熹三年下葬，那这座墓葬的主人只能是曹腾的养子、曹操的父亲：曹嵩。当然，延熹七年时曹嵩还没有去世，不过汉人习惯于在生前为自己造墓，所以这并不奇怪。

曹嵩墓中出土了完整的银缕玉衣一件、铜缕玉衣一件，以及玉猪、象牙龙首、象牙人物等文物，甚至还有人体骸骨。这些骸骨应该属于曹嵩和他的妻子（曹操的母亲）丁氏。这些骸骨目前的保存状况我不清楚，如果保存妥善，或许利用高科技手段可以解决很多悬而未决的历史问题，比如曹嵩是不是夏侯氏之子，河南安阳的曹操墓是真是伪，等等。

这座墓葬中出土的银缕玉衣是曹嵩本人的葬具，也是国内出土的第一件银缕玉衣。玉衣由2464块大小不等、形状各异的玉片组成。玉衣出土时已经散落，后由文物修复人员重新用银丝编缀而成，目前陈列于亳州市博物馆。这件玉衣我有幸得见，头顶至脚底总长达

曹氏家族墓之曹四孤堆

188 厘米，但最宽处只有 59 厘米，厚度只有 25 厘米。能够穿着这个长度的玉衣，曹嵩的个子不会矮，应该在 180 厘米左右——他很可能是位瘦高的男子。

除了曹腾墓和曹嵩墓所在的董园汉墓群，曹氏家族墓还包括曹四孤堆、刘园孤堆、薛家孤堆、观音山孤堆、张园汉墓、马园汉墓、袁牌坊汉墓群、元宝坑汉墓群等。这些墓葬大部分没有被发掘清理。

在今天的曹操公园内，有四座曹氏遗冢，被称为"曹四孤堆"。曹四孤堆位于曹操宗族墓群的中心地带。20 世纪 80 年代，工作人员曾经试探性地发掘过最北部的一座较小的墓葬，发现了刻着"豫州刺史曹水"的文字砖，这说明该墓葬等级不低，而其余的墓冢尚未被挖掘。

围绕曹四孤堆，当地有很多传说。比如说曹操驻扎于此地时，袁绍来袭。曹操拢土成堆，又在土堆外层放上军粮，以示粮草充足。袁绍一见，也就撤兵了。与这个"谎粮堆"类似的传说在曹操统治的核心区是很多的，我在许昌、临漳时都曾听说过。还有人说曹四孤堆墓中从北至南依次埋葬着伯兴、仲兴、叔兴、季兴四兄弟。如今曹腾墓已经被发现，这种说法也不攻自破。还有人说墓里埋着曹家的将士，但曹操当然不可能把将士埋入祖茔。

据说近年亳州方面提出了发掘曹四孤堆的申请，但在墓葬保存完好的情况下，主动发掘的申请肯定是不可能获批的。因此曹四孤堆的秘密还将被保留下去。我们只能从已经发掘的一些墓葬中找寻更多的历史信息。如在袁牌坊二号墓中，出土了一块青石残碑，因缺损太多而无从确定其上记述的内容，但从残存的文字推断，这可能是曹仁的父亲曹炽的墓葬。

在这些墓葬中，还先后出土了 600 多块带有文字的墓砖。砖上

为将奈何吾真愁惶

曹氏家族墓中出土的文字砖

的文字是制砖工匠在还未烧制的泥坯上用纤细的针签刻画的，有篆、隶、楷、行、草等字体。这是非常重大的考古发现。以前人们一直以为楷书、行书等字体在东汉末年并不常见，殊不知其早已在民间广泛流传。当时甚至还出现了简化字，如元宝坑墓墓砖上的"会"字，董园一号墓墓砖上的"书"字等，都与今天简化字的写法完全相同。

文字砖上的内容大部分是寻常的辞令，说明墓主人的身份以及对墓主人的去世表示挽叹等，如"会稽曹君天年不幸丧驱""会稽明府早弃春秋不竟世""山阳太守曹勋遭疾不豫"。但有个别文字砖上带有怨愤的辞令，如草书"为将奈何吾真愁惶""作壁正独苦""当奈何"等。

文字砖上甚至还有一些表现要起来反抗压迫的内容。如元宝坑一号墓（墓的主人极有可能是曹休的祖父曹鼎）中的一块墓砖上刻有"但搏汝属，苍天乃死"，意思大概是：我要和你们斗争到底，苍天死了。这种话明显是受到了太平道的影响。工匠偷偷把口号刻在墓砖上，可能是想让地下的灵魂不得安生吧。

更令人惊叹的是这块墓砖制造于汉灵帝建宁三年，即公元170年，而黄巾起义184年才爆发，足见太平道在民间秘密传播之久远与广泛。起义准备了这么多年，东汉朝廷居然没有任何警觉，其腐朽无能也是显而易见的。

不知道凭借镇压黄巾军起家的曹操，如果知道自己的宗族墓中居然在起义爆发的十四年前就已经深深埋下了那惊世骇俗的反抗口号，会做何感想。

"网红"曹操是如何打造出来的

　　曹操是亳州人这一点是毫无疑问的，但他具体的出生地和活动范围在亳州的哪一带呢？在今天亳州城东近郊，有三处与曹操故居相关的文化遗存，它们或许能回答这个问题。

　　《水经注》记载："（亳州）城东有曹太祖旧宅，所在负郭对廛，侧隍临水。"20世纪80年代初，原亳县博物馆工作人员通过查阅史料和走访当地居民，将一处有两棵银杏树的地方确定为"魏武故里遗址"。该遗址的具体位置是在亳州城东的后贾村中心街19号院的对面。据说那两棵银杏树就是曹操家人所植。目前这里是亳州市文物保护单位。

　　距此地东南方向大约四百米，在交通路与京九铁路交汇处附近有一处"魏文帝庙遗址"。唐朝《元和郡县图志》记载："魏文帝祠在县东五里。初，魏太祖以议郎告疾归乡里，筑室于此，春夏读书，秋冬弋猎，以自娱。文帝以汉中平四年，生于此宅。"当地百姓都以为这里是魏武帝故宅，其子曹丕就诞生于此。庙宇今已不存，据说元代张柔拆毁了该庙，取其建筑材料用于修筑亳州城城墙。

在"魏文帝庙遗址"向东约一千米的甘湾村，还有一处"魏武帝庙遗址"。据清顺治年《亳州志》记载："魏武帝庙在城东七里。"

这三处文化遗存大约分布在方圆一千米内，我们虽然不能确定哪一处才是曹操的故居遗址，但对曹操出生在这一带、年少时在这一带活动是没有疑问的。

在"魏武故里遗址"前，两三个老人正在冬季的暖阳下闲聊。

曹操公园内魏武祠前的曹操塑像

我上前和他们攀谈，聊着聊着就谈到了曹操。他们说，曹操本来姓夏侯。曹操不是小名叫"阿瞒"吗，意思就是要瞒住这件事。

这是当地人耳熟能详的一个说法：曹操本姓夏侯，因为曹操的祖父是阉宦，曹嵩为其养子，"莫能审其生出本末。嵩生太祖"。这一句"莫能审其生出本末"就给后世留下了遐想的空间。曹操当政后颇为信任和重用夏侯氏人，早在三国时期，曹操是夏侯氏后人的言论就已经传开了。裴注《三国志》引《续汉书》记载：

吴人作曹瞒传及郭颁世语并云：嵩，夏侯氏之子，夏侯惇之叔父。太祖于惇为从父兄弟。

吴国人作的《曹瞒传》以及西晋襄阳令郭颁作的《魏晋世语》都如是说。

陈寿著《三国志》，将夏侯渊、夏侯惇、曹仁、曹洪、曹真等人并为一篇——《诸夏侯曹传》，似乎更确定了此事。

然而，事实若真如此，以曹操的地位，历史不会仅仅留下这一点蛛丝马迹。魏武帝的身世凭什么要让一个远在千里之外的"吴人"说破呢！

曹腾无子，可他并非来自小族孤姓的人家。曹腾有亲兄弟三人，还有其他堂兄弟若干，曹氏家族那么庞大，他何必去找夏侯家讨要个传续香火的人！

族内过继一直是中国古代人们首选的过继方式。这样可以保持血缘的纯洁性，并使得本族的财产和地位不被他族窃取。这是非常容易理解的事情，而且并不丢人，根本不必隐瞒。

如蜀汉丞相诸葛亮，在没有生诸葛瞻之前一直无子。于是他写信给远在江东的兄长诸葛瑾，希望其过继给他一个儿子。诸葛瑾要留下大儿子诸葛恪做自己的继承人，就将二儿子诸葛乔过继到诸葛亮名下。诸葛瑾、诸葛亮二人分属吴蜀两个阵营，各自又在两国中有着举足轻重的地位，按说过继子嗣是非常敏感的事情，甚至涉及国家安全，而诸葛兄弟尚能毫无避讳。曹腾作为一个宦官，从族内过继个儿子传续香火，是理所当然的事。

果然，数年前，复旦大学相关课题组通过将有一定可信性的曹操后裔同夏侯氏后裔进行基因检测分析，排除了两个家族存在血缘关系的可能性。虽然这一成果还并未得到考古学界的广泛认可，但终究是一个利用当代科学解决历史难题的思路。

至于曹操的小字"阿瞒"——在当时的汉语中"瞒"是指闭目的样子，并非隐瞒。汉代《说文解字》载："瞒，平目也。"

曹操少年时做了许多出格的事，比如假装中风来欺骗叔叔；同袁绍一起劫掠别人的新娘等。别人对他的评价是"机警、有权数，而任侠放荡"。曹操后来写过一首《善哉行》，回忆童年，将自己的年少轻狂"归罪于"没有获得父母的良好教育：

自惜身薄祜，夙贱罹孤苦。既无三徙教，不闻过庭语。

这是曹操怜惜自己福薄，早年卑贱孤苦，没有受到"孟母三迁"那样的重视，也没有受到"过庭之训"那样的教育。

《论语》中讲，孔子的儿子孔鲤只要走过门庭，孔子就会问他"学《诗》乎？学《礼》乎？"，时刻督促他学习。故后世把父亲对子女的教育称为"庭训"。曹操虽然没有受到父亲"庭训"，却在

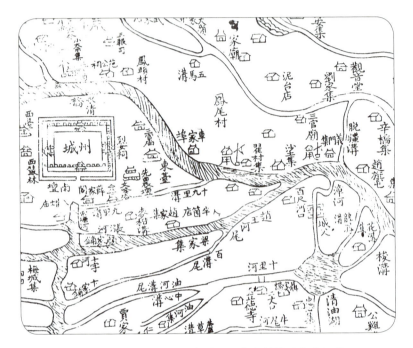

清乾隆三十九年（1774）亳州地图中亳州城及城东区域

十八岁那年，因为父亲的关系，得到了进入当时国家的最高学府——太学学习的机会。

今天的河南省偃师市佃庄镇太学村就是曹操的母校——东汉太学遗址所在地。太学遗址是 1961 年国务院公布的首批全国重点文物保护单位。太学在东汉中后期规模宏大，房间超过 1,800 个，太学生多达 30,000 人。汉灵帝熹平年间，大学者蔡邕曾用隶书撰写儒家经典并刻碑 46 块立于太学门前，史称《熹平石经》。

如今，这一切都已经不存在了。现在的太学遗址是一片茂盛的树林，地表上没有任何遗迹。遗址周围有几家企业，我去询问里面的工人，他们七嘴八舌地为我讲述考古人员在这里勘察发掘的情况。

大概的意思是，考古人员并没有挖到什么宝贝，只发现了一些石块、砖头之类的东西。政府曾经多次派人来向这里的企业和村民宣传，不要随意动土，如果要盖房子一定要及时报告等。工人们所说的石块可能就是《熹平石经》的残片。

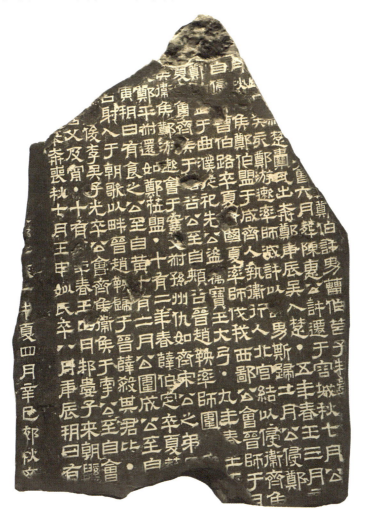

洛阳博物馆收藏的《熹平石经》残片

东汉太学规定，官员子弟可以免试入学，朝廷甚至还会为他们发放俸禄。曹操的父亲当时官拜大司农，位列九卿，曹操自然有入学资格。曹操在太学内广结师友，捞取名声，为自己下一步出仕做准备。

曹操的学习成绩如何，我们不得而知。不过他却得到了当时多位名士的侧目青睐。如党锢名士、南阳人何颙曾评价曹操说："汉家将亡，安天下者，必此人也！"这句话的真实性颇为可疑，因为在当时，恐怕谁也不敢公开说"汉家将亡"。

倒是年迈的太尉桥玄的话比较中肯，他曾对曹操说："吾见天下名士多矣，未有若君者也！君善自持。吾老矣！愿以妻子为托。"曹操由是声名益重。曹操与桥玄结成忘年交后，曾发誓，如果桥玄去世，自己在坟墓前经过，假若不去祭祀，车过三步，必然腹痛。桥玄故去后，曹操果然带着一斗酒一只鸡前去祭奠，而留下了"斗酒只鸡"的典故。

桥玄生前不但自己激赏曹操，为其传名，还给了曹操一条影响其一生的建议："君未有名，可交许子将。"

许子将即汝南名士许劭（字子将）。许劭与其从兄许靖是当时的公知"大 V"，二人俱有高名，每月的初一在汝南集会乡党，品题人物，制造了很大的舆论声势。因每月初一被称为旦日，故二许的"沙龙"也被称为"月旦评"。若是有人得到二许的赞赏，就会身价大增；若是有人被二许点名批评，清誉就会受损。据说袁绍做濮阳令的时候，一次回汝南老家，车马从仆很多，将入汝南郡界时，袁绍"谢遣宾客"，单车归家。何以如此？如袁绍所说："吾舆服岂可使许子将见。"他就是惧怕许劭的非议。

　　桥玄给曹操的建议说得很明白：大汉朝有"微博"的人全都关注了许劭，只要让他在"微博"上推介你，你不就世人皆知了吗！快去"蹭热度"吧。

　　曹操大喜，"卑辞厚礼求为己目"，请求许劭为自己品藻。以曹操的家境，厚礼是拿得出手的；以曹操的为人，卑辞是说得出口的——所有这些，对曹操来说都不算什么，而他要换取的却是"曹操算什么"。

　　当曹操问出那句"我何如人"后，许劭很警觉，回绝了曹操。而软磨硬泡也是曹操的强项。最终，许劭说出了千古名言："子治世之能臣，乱世之奸雄。"曹操听后大笑而去。

　　这句话有两个版本。我所引用的是《三国志·武帝纪》中的说法，也是人们熟知的说法。而在《后汉书·许劭传》中，这句话被表述为："君清平之奸贼，乱世之英雄。"

　　哪种说法是真？后人不知道。但哪种说法正确，后人却可以评判——"治世之能臣，乱世之奸雄"，是说曹操在治世思治，在乱世思乱。"清平之奸贼，乱世之英雄"，是说曹操在治世思乱，在乱世思治。

　　我觉得二者都说对了一半。我看曹操是"治世之能臣"也是"乱世之英雄"。不知曹操听了我的品藻会不会留下厚礼，大笑而去。

买装备、变车道，从此与阉党划清界限

那么为什么二许会成为人们的意见领袖？为什么汝南的舆论可以左右全国的民意？

汝南是天下大郡，汉明帝曾说："汝南，心腹之地，位次京师。"其人口数量和属县数量都长期排在全国前两位。汝南郡不但地理位置重要，经济发达，还尤其以文化昌盛著称。东汉中后期，汝南出现了多位经学名家。全国各地的学子多有到汝南学习者，正所谓"受业者四方而至"。党锢之祸中，有大量的党人来自汝南，且处于领袖地位。当时党人的核心人物有"三君""八俊""八顾"等，在这些人中，来自汝南的陈蕃、范滂这两位领袖都因党锢之祸而牺牲，在天下士人心中具有神圣的地位。

陈蕃是党人在中央的领袖，曾任太尉、太傅等职，因直言进谏屡遭罢免，后与大将军窦武共谋剪除宦官，事败后被投进由宦官掌

控的北寺狱，入狱当日即遭杀害。陈蕃一生清廉，不畏强权。他年轻时居室凌乱，曾说："大丈夫处世，当扫除天下，安事一室乎！"此句在后世广为流传。他遇害后被天下人誉为"不畏强御陈仲举"（陈蕃字仲举）。

范滂是党人在地方的领袖。他在天下士人心中的地位高到什么程度？范滂从牢里被放出来的时候，迎接他的车子有几千辆——那时可是东汉，可能全汝南郡的车都来了吧。后来汉灵帝下令诛杀范滂。督邮躲在驿馆，拿着圣旨大哭，不肯去传令。范滂听说此事，不想连累别人，便主动去县衙投案。县令对范滂说，天下之大，先生何必来此？于是扔掉官印，准备弃官和范滂一起逃走。范滂还是摇摇头，不想连累别人。

范滂墓遗址在今河南驻马店确山县刘店镇古庄村。在古庄村以南，还有个叫范滂坡的地方。据说这一带是范滂的老家，范滂生于斯，葬于斯。然而，在将近两千年的岁月里一直被士人视作精神圣地的范滂墓如今却不见了。

汉末名士范滂的家乡：范滂坡

范滂墓的石墓门

　　据村里老人说，20 世纪 50 年代，范滂墓还保存完好。后来墓冢因平整土地而多次遭到破坏，如今已经完全消失。住在范滂墓遗址旁边的一位老太太对我说，当年平墓，挖出了一些石头做的陪葬品，现在它们都不知丢到哪里去了；还有两颗人头骨，被人扔来扔去，后来也不见了，那可能是名士范滂与其夫人的头骨——谁料一代名士居然落得这样的结果。

　　"墓砖呢？"我问道。汉献帝后来为党人平反，范滂应该会依礼改葬，所以墓中会有大量墓砖。

　　"墓里面的砖啊，都被人拉去砌墙了。那砖很大很重。"

　　"就没有留下点什么东西吗？"

　　老太太用手指了指一棵大树下的石凳说："这个石凳面就是范滂墓的墓门。"

　　我走过去抚摸那块石板，老人若不说，我还真没想到这会是墓门。石面上似乎有花纹，但已经看不出是什么图案了。

　　"这几年经常有人来找范滂墓，我都给他们看这个。"老太太又说。

　　经常有人来找范滂墓？看来人们还记得他。

　　我离开了范滂墓，途经确山石料厂。那里正在开山，乌烟瘴气，漫天尘沙遮蔽了道路。什么是价值？什么东西才真正有价值？望着不断喷出玻璃水的车窗，我沉思了很久。

　　同范滂墓相比，陈蕃墓显得幸运得多，至少现在看来是这样。陈蕃墓位于驻马店市平舆县北部，那里现在叫作陈蕃公园，是平舆县的一个廉政文化公园。陈蕃墓也曾经被毁，只因其所在区域靠近县城，有成为一个公园的潜力，才在近年被修复起来。所以我说陈蕃墓比远在僻乡的范滂墓幸运得多。

东汉太傅陈蕃之墓

　　有了这些名士，汝南自然就成了天下的思想中心。当然，二许也非常人，他们出身豪门大族，"从祖敬，敬子训，训子相，并为三公"（《后汉书·许劭传》），虽没到袁家四世三公那个高度，但三世三公也算可以了。二许周围聚集着一批门生，形成了一个舆论阵营。"思想中心＋文化名人"——月旦评的影响力和号召力就这样形成了。

　　平舆是东汉汝南郡的郡治所在地。据说月旦评每月在平舆的一座亭子里进行，这座亭子被称为月旦亭。当地人说，东汉月旦亭遗址在城南清河的一座小岛上。

　　我去过中国一千多个县城，平心而论，平舆是体验感最差的一个：街道狭小拥挤、泥泞不堪，车辆在这样的道路上又随意行驶。未到遗址，我已经有八分失望，到了遗址，失望加到了十分。连接小岛和陆地的桥梁叫作月旦评大桥，桥下全是垃圾和污水。因为二许的知名度，"汝南人称平舆渊有二龙焉"（《后汉书·许劭传》），平舆的"渊"在哪里我不知道——不会是眼前这条垃圾河吧？一定不会，因为龙在这里是活不了的。

　　进了小岛，我发现这里是一个娱乐场所的集中地。岛上有很多KTV、台球厅、旱冰场等。在一家KTV前，我看到一座新建的亭子，亭子里边有两尊对坐的塑像，可能是许氏兄弟——两尊塑像的手已经脱落。亭子前有两个垃圾箱，周围污秽不堪。这里难道就是新修缮的月旦亭？在月旦评游乐场的后边，我又发现了一座亭子。这座亭子很破败，亭前已被开辟为菜地。我随机问了几位岛上的游客和业主，这两座亭子哪个算是月旦亭。他们都不知道月旦亭是什么，只知道这座岛现在叫作老鳖岛。

　　当然，大家不要遗憾曾经风雅的月旦评圣地变成了如今的"尊容"。这里是月旦评遗址也不过是当地人的一说。东汉平舆县城也不在今天平舆县城的位置，而在其东北的射桥镇古城村。月旦评究竟发生在哪里，还真不好说。

　　不管月旦评发生在哪里，总之，曹操经许劭一评成了名人；加

月旦评大桥与老鳖岛

上他太学生的身份，再加上其父亲曹嵩的运作，曹操在二十岁时举孝廉登上仕途，做了洛阳北部尉，负责"首都"的安全，职责不可谓不重要。

当然，曹操的入仕主要是靠名人效应和曹嵩的运作。"网红"加"拼爹"，是古今通用的法则。至于太学生的身份，需要有，但不能只有。有很多太学生一辈子都在太学里念"子曰"。灵帝曾经"试太学生年六十以上百余人"——许多人六十多岁了，还在考试。

而曹操就不必经历那些了，因为他有雄厚的家资做后盾。他的家资有多雄厚呢？比如曹嵩，后来官至太尉，不但是三公，而且是三公之首。他这个官是怎么当上的呢？当时汉灵帝想修花园，但缺钱，于是公开卖官补贴家用。曹嵩一次性出了"一亿钱"，买了个太尉。

在曹家人的眼里，政治就是一局游戏，官位不过是装备，可以买，也可以卖。

到此时，曹操的作为仍然与普通的纨绔子弟、"官二代"毫无区别。然而，不久他却在洛阳北部尉的任上大闹一场，转身离去。

曹操刚刚进入洛阳北部尉的衙门就造了几十条五色棒，悬挂在大门两侧，声称有犯禁者，不论是谁，皆棒杀之。数月后，宦官蹇硕的叔父蹇图违反夜间宵禁的命令，在夜晚行走，曹操毫不客气，公然将其棒杀。蹇硕是灵帝最宠信的宦官，乃"十常侍"之一。曹操敢在太岁头上动土，一时间名动京师，甚至天下都为之侧目。

曹操为什么这么做？他本是宦官子弟，很容易成为阉党的一员，但他的头脑很清醒，知道和阉人混是没有出路的。古来执掌国柄者，都是士人，是知识分子——要想前程远大，他必须赶紧"打转向灯"变道，哪怕目前士人那条车道上拥挤不堪、剐蹭连连。

你在何方，
扑朔迷离的顿丘城

    公开的站队选择，使曹操和宦官集团决裂。但曹操是按律执法，做得光明磊落，宦官集团"咸疾之，然不能伤"。他们决定将曹操明升暗降，放为外官，礼送出京。这样做一来眼不见心不烦，二来可再等机会，抓住曹操一时之错，徐图之。于是宦官们异口同声在灵帝面前说曹操的好话，保奏曹操为"顿丘令"，也就是顿丘县的县令。这一年是灵帝熹平六年（177），曹操二十三岁。

    顿丘是一个古老的地名。《尚书》载"贩于顿丘，就时负夏"，让我们知道了顿丘是一处繁荣发达的地方；《诗经》云"送子涉淇，至于顿丘"，让我们知道了顿丘曾发生过浪漫动人的故事。然而它在中原大地上忽东忽西，在历史长河中若隐若现，到北宋年间彻底消失了。它给今人留下了很多谜题，甚至它的具体方位何在都已经成了人们争论不休的话题。在今天的豫北一带，至少有三处顿丘遗址：其一位于濮阳市清丰县固城乡旧城村；其二位于安阳市内黄县梁庄镇西大城村；其三位于鹤壁市浚县屯子镇蒋村。

这三处顿丘遗址究竟是什么关系？究竟哪一处才是曹操任令守的东汉顿丘县呢？为了寻找答案，我对这三处遗址一一进行了探访。

在这三处遗址中，濮阳市清丰县的顿丘遗址是最有名的。据我所见，包括很多教科书、专著、论文等都将《诗经》中提到的顿丘和曹操所牧守的顿丘注释为"清丰县西南"。

清丰县因隋代顿丘孝子张清丰而得名。因县处顿丘故地，清丰一直称自己为"千年古顿丘"。我驾车来到清丰，最先驶入的道路便是顿丘大道。道旁多有"千年古顿丘，魅力新清丰"的宣传匾额。说也赶巧，我去时正值上元时节，清丰县正在举办元宵庙会，远远就望见临时搭建的写有"千年古顿丘庙会"的红色牌楼。走近一看，庙会广场上有一座临时搭建的"古城门"，上书"顿丘城"，城下人来人往好不热闹。我心中暗喜，不管这里是不是东汉末年那座顿丘城，至少到处都是顿丘元素。既如此，顿丘遗址想必也会得到很好的保护。

清丰县庙会临时搭建的"顿丘城"城门

濮阳市清丰县固城乡旧城村

　　我无心贪恋庙会的繁华，驱车赶向固城乡旧城村。到了村西口，我下车向两位老乡询问顿丘遗址的具体方位。他们都摇头表示不知道。我又问村周围是否有高大的土墙？他们还是摇头。一般在村庄周围有古城的，都会残留高出地面的夯土，然而我举目四望，天地间一片寒冬的肃穆，确实没有什么遗迹。也许是我找寻的方位不对，于是我继续向村里走，边走边打听。

　　终于，有人告诉我，在村东口的路边，有一块黑色石碑，上面似乎有"顿丘"的字样。他说的应该就是顿丘遗址的文保碑。我立刻向村东头走去，果真在路旁见到了"顿丘城遗址"的文保碑。文保碑上面被人张贴了新春"福"字，周围满是生活垃圾，后面是一片灌木丛。

　　遗址东面为马颊河，西面为旧城村，看不到有古城的遗迹，也看不到有保护措施。想想一路走来看到的与顿丘有关的当代景观，看来这里的人们虽然对"千年古顿丘"的招牌情有独钟，却对顿丘遗址并不在意，真是只要精神，不要物质。

　　文保碑碑阴刻有关于此处顿丘城遗址的介绍。原来这一带曾出土过多块唐人墓志，墓志中有墓主人"终于顿丘县广孝场私第"的句子。在马颊河出土的一通墓志（墓主人名叫柳信）上明确记载着墓主人葬于顿丘城以东一里的"先世之旧茔"，并描述这里"东接古河，西临广陌，前望澶泉之邑，北临横路通堤"。

　　"东接古河，西临广陌"正和我所见到的地貌吻合。"澶泉之邑"即今天的濮阳。宋辽澶渊之盟即发生在濮阳西部的澶渊湖，该湖如今已因黄河洪泛而不复存在。而濮阳正在顿丘城遗址之南。

　　据此，唐代顿丘城在此无疑。然而，唐代顿丘在此，恰恰证明东汉顿丘不在此。

顿丘在东周时属卫国，是齐、晋、赵、卫等国间的交通重镇。西汉时设置了顿丘县，县治一直延续到东汉。三国以后至唐代的数百年间，战乱频仍，顿丘的县治经历了复杂的变动。大约在北魏景明年间（500—503），朝廷在原顿丘县的东面另置了一个顿丘县。新置的顿丘县属顿丘郡。原来的顿丘县则先属汲郡，后属黎阳郡。三十多年后，到东魏天平年间（534—537），黎阳郡的顿丘县被裁撤，便只剩下了顿丘郡的顿丘县——也就是后来隋唐的顿丘县。直到北宋熙宁六年（1073），顿丘县被并入清丰县，"顿丘"彻底成了历史名词。

眼前这座顿丘城遗址，就是北魏至宋代的顿丘县城，而不是东汉顿丘县。当然清丰称自己"千年古顿丘"也并非不妥，毕竟由北魏至今已有千余年。

离开清丰顿丘城遗址，我的下一站是内黄顿丘遗址。该遗址位于安阳市内黄县梁庄镇西大城村。沿着 002 县道向南行驶，路上几乎一辆车都没有，路两旁是曾经的黄泛区，黄沙遍地，一片苍凉。

到了西大城村，一进村口，我就看到一通文保碑，上书"古顿丘（帝丘）遗址"。原来这座顿丘遗址，实际上是"帝丘"遗址。帝丘是上古传说时代"三皇五帝"中颛顼、帝喾的都城，公元前629 年，卫成公将都城迁至此处。《左传·昭公十七年》曰："卫，颛顼之虚也，故为帝丘。"

在文保碑碑阴有关于这座遗址的简介，也说该处为颛顼、帝喾之都城；但是又说，村中原有一座城隍庙，庙中残留一通古碑，提到此处是卫邑顿丘。所以此处是顿丘还是帝丘，后人就搞不清楚了。人们干脆来个折中，直接写上"古顿丘（帝丘）遗址"。碑文说，

安阳市内黄县梁庄镇西大城村古顿丘遗址文保碑

在古城中曾出土仰韶、龙山文化时期的陶片、灰坑及烧结土等，但是并没有提及这里曾发现汉代遗存。看来不管这里是不是卫邑顿丘，至少不会是东汉顿丘县所在地。

读罢了文保碑，我见不远处的民居前有几位老者正在一边晒太阳一边向我张望。我笑着走过去，询问古顿丘遗址的情况。他们说村后面原有一座城隍庙，于早年间已被拆毁。现在在原址上又建了一座新城隍庙，古顿丘遗址就在它的后边。几位老者反复强调，遗址只是一片沙丘而已，没有什么可看的。

我按照他们的指点，沿着村子一直往前走，直到眼前出现了一片树林。在树林中，我果然看到一座简陋的庙宇，这便是那座城隍庙了。林中通往城隍庙的小径上满是大红鞭炮的残衣，看来这里刚刚进行过祭祀活动。

庙无围墙，我来到主殿前，看到在被水泥抹过的墙上有很多用粉笔涂写的劝善言辞。殿门两侧是一对由玻璃钢铸造的狮子。二狮并无绣球，也难分雌雄，仅以扭头相视表示左右对应。两旁的配殿如农家的犬舍般大小，配殿内无神龛、神位，仅有水泥浇筑的钵盆，盆内装盛着黄沙。

藏书家韦力先生在《觅诗记》中曾提到这座顿丘遗址上的城隍庙。他说："供桌上摆着三碗供品，近前一看全是清水，这是我所看到最穷的供神方式。"

"最穷的供神方式"让我印象深刻，我也想看个究竟。

我信步走进正殿，见供桌上确实只有三碗清水。可转念一想，又觉得哪里不对——城隍庙虽然简陋，但从庙前的满地炮衣来看，这里的人侍神不可谓不虔诚。难道他们舍得如此放炮祭祀，却只肯给神祇供三碗清水吗？

我伸手进碗中轻轻蘸了一下，凑近鼻子一嗅，似乎有酒精的气味，再用舌尖一舔——果然是酒。原来这是三碗白酒，我心中油然

西大城村古顿丘遗址上的城隍庙

生出了一分欣慰。

转过城隍庙主殿，便是一片起伏的黄沙堆，这里就是古顿丘（帝丘）遗址了。

站在沙堆上，我翻看着手中的地图，观察自己所在的位置。由此处向西北不远，就是颛顼与帝喾的二帝陵。二帝陵自汉代起就已经有了祭祀，唐代以后香火更盛。看来这处帝丘遗址确实符合"颛顼之虚"的说法。然而二帝处于传说时代，于史难考，所谓帝陵，纪念意义更强一些。这里真的会是卫国之邑顿丘吗？

春秋时期，黄河故渎经浚县东、清丰县西向北流去；而古淇河在黄河故渎以西，经浚县、内黄县向西北流去。此处遗址在黄河故渎以东，离古淇河有百里之遥，《诗经》云："送子涉淇，至于顿丘。"女子与男子幽会，并将男子送过淇河，便到达顿丘，可见顿丘一定离古淇河不远。

如果这里是顿丘，女子送子涉河，需行百里。这怎么可能呢？看来这里虽然有可能是"颛顼之虚"或者帝丘，却绝无可能是卫邑顿丘，更不会是东汉的顿丘县。

那么，东汉的顿丘县到底在哪里呢？

由于古黄河下游改道频繁，导致各支流河道不定，古地理的考订难上加难。借助古籍资料来考证就显得尤为重要。《水经注》载："（古淇水）北迳白祀山东，历广阳里，迳颛顼冢西。""淇水又东屈而西转，迳顿丘北。""淇水东北，迳枉人山东、牵城西。"在《水经注》作者郦道元生活的北魏时代，东汉旧顿丘县依然存在，所以该书中的记载是可信的。

白祀山即今之白寺山，枉人山即今之善化山。东汉顿丘县城应位于二山之间，即浚县白寺乡和屯子镇一带。据此，著名历史地理学家史念海先生对这一带进行了四次实地考察，最后认定浚县西北屯子镇蒋村遗址就是东汉顿丘县城遗址。这里濒临古淇河，应为《诗经》中提到的顿丘。

浚县屯子镇蒋村村西的蒋村遗址

蒋村遗址位于屯子镇蒋村村西。据考古发掘，这座古城南北长约千米，东西宽约七百米。在位于地下一米至两米厚的文化层中，地层叠压复杂，内涵丰富，显示出此地自新石器时代就有人类活动的痕迹。而其中自春秋至两汉时期的文化遗存最多，有瓦当、板瓦、筒瓦、绳纹砖、画纹砖、铁镢等，这在时间上正符合《竹书纪年》中 "（晋）定公三十一年，城顿丘"的记载，所以这里很有可能就是自春秋至汉代的顿丘城遗址。

我来到蒋村时，天色已近日暮。有两位中年妇人正在家门前聊天，我凑过去询问有关顿丘城的情况。她们指着村西口的麦地说："听说那边地底下埋着一座顿丘，种地的时候经常还能刨出砖块来。但是现在啥也看不出来。"

我将车停在村西口，放眼向西望去，果然是一片旷野，地表没有任何遗迹。谁能想到一座有着三千多年历史的古城就埋在那绿油油的麦田之下。再向旷野更深处眺望，一座古怪的山岭斜卧在夕阳与地平线之间。按地理方位来看，那一定是善化山了。

相传纣王曾派人刺杀比干于善化山，因其枉杀好人，故此山得名"枉人山"。此山在古时山高林深，有猛兽出没其间。相传，唐代尉迟恭曾于此山的松林中打虎；明代时这里有汩汩清泉72处。清代《浚县志》提到此山说："山或偶出云气，为楼观、亭台、舟车、旗鼓、人马之状，变幻不恒，故曰善化。"善化山因此得名。

但这座豫北名山怎么会是如此尊容？

眼前古怪的山岭让人怎么也不能将它和以上的记载联系起来。这里寂寥荒凉、了无生气，光秃秃的山岭已经没有了主峰，山间到处是采矿留下的洞壑，几株无精打采的枯树和几座破败的窑厂呆立在山脚下。

善化山今貌

善化山的采石历史很悠久。山上出产一种稀有的花斑石，自汉唐以来便为皇家御用之物，元大都和明清北京城皇宫里的很多花斑石就采自善化山。但花斑石储量稀少，不至于把一座山开采成这般模样吧！

我想找人问个究竟。正巧山下麦地中有一座鸭寮，其中有数不清的白色鸭子正在嘎嘎乱叫。我来到鸭寮前叫门，一位中年人出来开门。

我了解到，善化山在 20 世纪 60 年代还不是这个样子。那时，山上郁郁葱葱，小溪潺潺，几十眼清泉涌流不息，终年不涸。自 20 世纪 70 年代开始，村里组织人上山开荒种地，植被遭到破坏；80

年代以后，村子为了致富，办起了采石场，不仅开采名贵的花斑石，而且连普通的石头也开采——采来烧成石灰，或者打成石子；到最后，连山上的泥土也拉下来烧制砖瓦了——短短二三十年，硬是把善化山的主峰削平了，留下了遍地的石坑、土坑，使泉水干涸，小溪断流，山上自此寸草不生。

直到2012年，人们才意识到问题的严重性，开始禁采禁伐、封山育林。

眼前这位中年人就是当年的一位砖窑主，封山后便改弦更张，做起了养鸭的营生。

这时天色已经暗了下来，我便向他告辞。临别时，他似乎突发奇想，说道："你们那里有没有砖厂？我手上有一些需要砖瓦的客户，可以帮你们牵线搭桥。"

我不由得泛起一丝苦笑，婉言谢绝了他的好意。

建安十九年（214），曹操已经进位为魏公。这年七月，曹操南征孙权，命三子曹植留守邺城。当时的曹操对曹植颇为器重，视其为候选接班人之一，因而写了一纸书信，对他谆谆教导，即为《戒子植》：

> 吾昔为顿丘令，年二十三，思此时所行，无悔于今。今汝年亦二十三矣，可不勉欤！

看来曹操对于外放顿丘令的这段经历颇为自豪，以至于身为魏公后，仍可以将之拿出来教导后辈。的确，顿丘令看似只是一个小小的县级令守，但这是曹操第一次成为一城一地的行政主官，是他在成为当时孜孜以求的"治世之能臣"之路上迈出的重要一步。

曹操赴任顿丘令大约一年后，朝中发生变故。灵帝废宋皇后，诛其父及兄弟。宋皇后之弟宋奇娶妻曹氏，而曹氏是曹操的从妹。这下宦官们终于找到了机会，将曹操连坐免官，令其回乡思过。曹操只好离开了顿丘——"思此时所行，无悔于今"。很可惜，他当年在顿丘令任上干了什么、有何政绩都于史无考，如同那座顿丘城一样，消失在历史的风烟中了。

不知不觉，我已经走回了蒋村村口。待我再回首时，善化山连同那片埋葬着顿丘遗址的麦田已经完全被夜色吞没了。

　　曹操一生经历了多次起落，此次被罢免顿丘令是他第一次经历仕途挫折。他回到家乡，开始赋闲生活，并谋求再起。在赋闲的时间里，也许是想用喜事冲一冲不顺的官运，曹操纳了一房小妾。小妾娘家姓卞，卞氏出身不高，本是个歌舞伎人。但谁知她一连为曹操生下曹丕、曹彰、曹植等多个子嗣，最终成为魏国太后，这是后话。

　　不久，汉灵帝的诏书发下来，拜曹操为议郎。议郎是个俸禄只有六百石的小官，而且没有任何具体执掌的部门，只是可以对朝政发表议论、提出建议，算是可以参政议政的那种角色。没想到，曹操居然把这只"政治花瓶"用成了一把大刀阔斧。他接连提出议案，切谏时弊。其第一炮就轰向宦官，要求朝廷为陈蕃、窦武平反——这可是碰不得的政治禁区；第二炮又轰向了公卿，说他们以权谋私，贪赃枉法。

曹操的这些炮弹好像都打向了波涛汹涌的大海，虽然溅起一些水花，却没看到任何结果。曹操从此"不复献言"，他对以言干政彻底失望了。

如果历史就这样平淡地挨过，曹操将不得不面临两个选择：

其一是认输，同这个世界妥协——依仗家荫家资，自然可以出任令守，再至公卿，扶摇直上。要知道他父亲曹嵩是公卿大臣，他祖父曹腾是宦官的前辈祖师，门生故吏遍宫中。

其二是不认输，当然，也别想赢——在老家待上一辈子，做个富家翁——只要不当人家的政治绊脚石，就没有人理你。

然而外部世界的变化让曹操的人生有了第三种可能。

曹操赋闲六年后，公元184年，黄巾战起，顷刻间搅动了天下。汉灵帝慌忙下诏，令天下州郡抵御黄巾军。朝廷到了用人的时候，自然放宽了对政治派别的限制，曹操被拜为骑都尉，领兵讨贼。骑都尉是曹操平生第一个武职，俸禄两千石，官职不低了。曹操虽然对东汉朝政不满，但他也绝不信奉太平道的妖言，在不好的秩序与无秩序之间，他还是选择前者。曹操讨伐黄巾军不遗余力，待到黄巾军第一波浪潮被压下去后，曹操因功被任命为济南相。

济南相就是济南国的国相。东汉郡国并行，一国的国相相当于一郡的太守。为了避免诸侯国国王拥有真正的权力，朝廷不允许他们任免自己的国相。国相由朝廷任免，并负责管理王国内的行政事务，以及监督国王的一举一动。

济南国的治所在东平陵，其故城位于山东省章丘市龙山镇阎家村北。这座古城的历史可以追溯到龙山文化时期。战国时齐国在此建城。汉代这里一直是济南国（济南郡）的治所。古城基本呈正方形，四边均长约两千米——这在古城中并不多见。它是全国保存状况最好的战国至汉代的方形城址之一。人们在这座城址中曾经发掘出汉代大型冶铁工场，证明其曾是北方工业中心之一。

黄河在古城西北23千米处流过，这正是"济南"得名的原因——今天黄河下游的河道正是汉代济水的河道，济水以南称济南国，济水以北称济北国。

济水与黄河、长江、淮河并称四渎。但是与那几支大江大河不同，济水自河南省济源市王屋山上流出后，一直是纤纤细流，甚至时隐时现，给人以断断续续、奄奄一息的感觉。

这样一条细流怎会跻身四渎，唐太宗李世民曾经对此表示不解。许敬宗回答说："渎之为言独也，不因余水独能赴海也，济潜流屡绝，状虽微细，独而尊也。"

"渎"就是"独"的意思。济水虽细小，却敢于将大海作为终极目标，绝不做大河的支流，以微弱之势独流入海——不达目标誓不罢休，这正是济水的尊贵之处。济水的精神也是三国英雄的精神。

曹操在做济南相的时候，一定无数次临眺济水。不知他是否也为"济潜流屡绝，状虽微细，独而尊也"而动容，并从中感悟出了什么。

济南国属于青州。青州黄巾军很厉害，济南国不是个太平之地，

今天黄河下游的河道正是汉代济水的河道

就在黄巾起义失败二十多年后，建安十二年（207），济南国国王刘赟还被黄巾军余部所杀。我们以前讲过的黄巾冢也在青州地界。曹操到这么个地方做行政一把手，维稳压力是很大的。在任上，曹操做了两件事：奏免污吏和断绝淫祀。

这两件事乍看起来和剿除黄巾军无关，绝不是打打杀杀、斩首数万那种武功。但那些只是扬汤止沸，曹操的办法才是釜底抽薪。

黄巾军为什么造反？一是因为污吏横行使民不聊生，二是因为民间信仰泛滥猖獗。济南国一共有十余个县，长吏大多阿附贵戚，贪赃枉法。曹操毫不客气，一次性罢免了十之七八的县官。济南国民众淫祀成风，大小祠庙不计其数。这些祠庙当然不一定都是太平道的，而是各种民间信仰的都有，但它们加重了百姓的迷信心理，成为滋生和传播太平道的土壤。曹操将它们一律断绝，于是"郡界肃然"。

曹操在济南国的治理是有成效的，然而结果却是他"离职"了。

对于这次的去官，曹操在后来的《让县自明本志令》中回忆道：

> 故在济南，始除残去秽，平心选举，违迕诸常侍。以为强豪所忿，恐致家祸，故以病还。

曹操得罪了宦官和豪强，只能回家暂避风头。于是曹操"于谯东五十里筑精舍，欲秋夏读书，冬春射猎"。

曹操的这处世外桃源据说就在亳州市谯城区观堂镇谯陵寺村。

我到谯陵寺村时已是黄昏。村外有一处高台，台上有座简陋的现代庙宇，浸在斜阳泛金的光线里。这就是谯陵寺，据传其前身就是曹操所筑的精舍。寺中有位守寺人，他给我拿出一份打印的文稿，是谯陵寺的简介。他说凡是来了游客，他都会送上一份简介，希望外人能发现谯陵寺，了解谯陵寺。

根据文稿介绍，谯陵寺始建于汉灵帝中平四年（187），曹操在此秋夏读书，冬春射猎，为东山再起积攒力量。后历代屡有翻修，逐渐成为寺庙。20 世纪 50 年代前这里还是台高十余米、占地数千平方米的恢宏庙宇，有千年古柏数十株。后来，庙宇被拆毁，古柏遭砍伐，土台也因逐年取土而变小变矮，成了荒丘。2008 年，村民自筹资金对其进行修缮，庙宇粗略成形，便是今天这个模样……

"这座土丘或许是曹操墓呢！"守寺人突然开口说道。

我正在聚精会神地看文稿，听到这样大胆的猜测，吓了一跳，浑身一震。我抬起头望着他，希望他继续说下去。

谯陵寺遗址

　　"'谯'是谯郡，'陵'是帝王的坟墓，这里除了曹操，还有谁的坟墓能够称'陵'呢？曹操很有可能在去世后被秘密安葬在了老家。外面的那些墓或许都是假的。"他说。

　　我问："那修建寺院的时候有没有往下挖掘看看？"

　　他说："挖不到，地基没有那么深。这里总有不明来历的人来转悠哩。大家怀疑是盗墓的，所以让我来看着。"

　　我低头看看脚下的高台，这里是台式建筑的地基还是陵墓的封土，还真不好说。

　　"曹丕就出生在这里。"他继续语出惊人。

　　先前亳州魏武故里附近的人们认为曹丕出生在他们那里。不过曹丕出生于187年冬天，正是曹操在此筑精舍之后，所以曹丕出生在此也不是没有可能。

余晖下的谯陵寺

三 雒露行

曹操刚刚在世外桃源安定下来，外部世界又发生了巨大的变化。黄巾军再起，天下又陷入混乱。朝廷设立了西园八校尉，曹操名列其中，为典军校尉。曹操赴任后没多久，汉灵帝这位将大汉天下拖进深渊的昏聩之主就撒手人寰了。

灵帝去世后，葬于文陵。《后汉书》载："葬孝灵皇帝于文陵。"关于灵帝文陵，《帝王世纪》言其："山方三百步，高十二丈。在雒阳西北，去雒阳二十里。"

东汉共有 12 座帝陵，除汉献帝的陵墓外（因其后来被降为山阳公，陵墓在山阳公的封地河南焦作修武县境内），其余 11 座帝陵均位于洛阳（东汉作雒阳）境内。洛阳东汉帝陵分为北兆域即邙山陵区和南兆域即洛南陵区。我们先前介绍的桓帝宣陵就在洛南陵区，而灵帝文陵在邙山陵区。

生在苏杭，葬在北邙。邙山历来是帝王将相、达官显贵埋骨之地，据说历代古墓有几十万座之多，号称"无卧牛之地"。驾车在邙山周边游走，不时就会与硕大的封土相遇，而那些深埋地下，于地表上没了封土的古墓更是不计其数。究竟哪一座封土才是汉灵帝文陵，抑或它于地表上早已无迹可寻？这一直是历代争论不休的问题。

近年来，洛阳市文保部门正在进行"邙山陵墓群考古调查与勘测"项目，对东汉帝陵遗址进行调查勘探，最终确定洛阳市孟津县送庄镇三十里铺行政村刘家井自然村西北的一座大墓为汉灵帝文

汉灵帝文陵

陵。这座大墓在以前被称作"刘家井大冢"，在清代，人们还将其认作汉桓帝陵寝，后又有学者将其认作汉光武帝刘秀的原陵。今天，在封土南面，有 2015 年孟津县人民政府所立的新碑，上书：东汉灵帝文陵。碑外还有碑亭，证明文物部门已经确定此处是汉灵帝文陵。

确定一座陵墓的归属十分复杂，要参考很多传世文献和考古发现来综合判定。比如此墓之所

汉灵帝文陵碑及碑亭

以被确定为文陵，是因为有学者在封土上发现了金缕玉衣的残片，并在离陵墓不远的村中发现了刻有汉灵帝时期纪年的黄肠石等。

在西汉时期诸侯王就可使用金缕玉衣，如我们前文提到的中山靖王刘胜就使用了金缕玉衣。但是到了东汉，玉衣使用制度明确规定只有皇帝可以用金缕玉衣。由此可以推断，这座汉灵帝时期修建的皇帝陵寝，也只能是文陵了。

当然，这种判断也不一定完全准确，将来还有被推翻的可能——这正是考古的魅力之一。然而，近两千年来历史信息的消减给确定工作带来了难度——对此世人都能够理解。但现今的保护工作又做得如何呢？帝陵就在那里，却眼睁睁看着它的历史信息继续消减，这总要归咎于今人了吧。

很不幸，文陵正在消失——

就在离新立的碑亭不远处，一排平房直戳进文陵的封土。我近

为了建房，封土被削为立面

汉灵帝的"邻居"们

前查看，越走近越觉得臭味扑鼻，耳边隐隐传来猪叫声——原来这里是个养猪场。转到后面，可以看到，为了多修建几间猪舍，文陵的封土被削去了许多。地上堆着红砖，看样子工程还没有最后完工。很多污水从场房与文陵接合部排泄出来，骚腥恶臭，浸泡着帝陵的封土。

我们为文物立个石碑尚且知道建个碑亭保护一下，对于真文物却没有任何保护措施。我突然发现，那壮美的石碑与碑亭在被侵夺的封土面前，显得那样丑陋不堪。

汉灵帝生前并未确立太子，他去世后，皇长子刘辩继位，是为汉少帝。何太后临朝，大将军何进辅政，外戚势力重新抬头。这一次，外戚可不想再和宦官小打小闹。何进绝不想步梁冀、窦武等人的后尘，他与司隶校尉袁绍等人合谋，要将宦官一网打尽、斩草除根。

宦官为恶者是那些巨阉，普通小太监多是无辜的；再说即使诛灭所有的宦官，也无法消除宦官制度，朝廷还是要再招宦官入宫，到头来只是换了一批宦官而已。所以诛灭宦官这个计划本身就有问题。而何进接下来的做法就更加大错特错。他认为自身力量不足，居然宣召驻军河东的军阀董卓入京协助诛灭宦官。此乃为屠鼠而引虎入室之策，曹操对此颇不以为然：

阉竖之官，古今宜有，但世主不当假之权宠，使至于此。既治其罪，当诛元恶，一狱吏足矣，何必纷纷召外将乎？欲尽诛之，事必宣露，吾见其败也。——裴注《三国志》引王沈《魏书》

然而，那时的他可以看到历史的走向，却对改变这一走向无能为力。

董卓闻诏，昼夜兼程入京，生怕错过这个入主中枢的机会。待他远远望见京城的时候，发现城中火光四起——京城已经发生变故。原来宦官张让等人先下手为强，诱骗何进入宫，将他诛杀。袁绍闻讯，迅速动手，尽诛宦官，甚至下令没有胡子的男人一个都不留。

宦官们平日里依靠皇帝的宠幸作威作福。灵帝一死，少帝年幼，强有力的皇权突然丧失，面对外戚与士人联合武装的围剿，他们顿时失去了往日的威风，只能劫持十四岁的少帝刘辩和九岁的陈留王刘协，徒步出洛阳，北上邙山。

前有滔滔黄河水，后有阵阵喊杀声，宦官陷入绝望，集体投河而死。只留下刘辩与刘协孤零零地坐在河边大哭。哭够了，一帝一王相互搀扶，逐萤火而行，跟跟跄跄下得山去，幸遇一户人家，以露车载送，才在山下与正在焦急寻找他们的公卿相遇。《献帝春秋》载童谣：

"千乘万骑上北邙"——邙山与黄河的碰撞处

侯非侯，王非王，千乘万骑上北邙。

汉室之衰，以至于此。然其衰微，还将更甚。

此时董卓将兵赶来，马上将两个小孩控制在手中。就此，董卓正式坐在了东汉政治的牌桌前，伸手一抓，就是双王。

招之即来，挥之不去——众公卿也不是没看出来董卓要在政治赌局中耍上两把的意思。正好少帝害怕董卓的样子，一直啼哭，于是在入洛阳前，公卿就对董卓说，皇帝让你退兵。

董卓此时怎会遵命，怒言道，你们这些国家大臣，不能匡正王室，致使国家波荡如此，还想让我退兵？随后催马入城。

董卓何许人也？

董卓是陇西郡临洮县人，年少时"以健侠知名"，常常在羌人的地盘游荡，与诸豪帅相交结。诸豪帅赠给他杂畜千余头。董卓膂力过人，能左右驰射，被朝廷拜为凉州兵马掾。东汉后期，羌人屡次起兵反汉，董卓参加了镇压羌人的战争，积功做到并州刺史、河东太守。

董卓率领的军队多是籍隶关西的汉人和羌胡人。关西各族人民屡遭战乱，习性尚武，妇女亦多能挟弓而斗，因此董卓的军队具有较强的战斗力。

中平元年（184），黄巾事发，东汉朝廷任命董卓为东中郎将，代替卢植与张角作战，后因兵败而将其免官。当年冬，凉州又发生了以北宫伯玉、李文侯、边章、韩遂等人为首的叛乱，董卓又被起用。

董卓前期的作为对东汉西北部的安定是有贡献的，但由于中央集权的衰败，朝廷逐渐无力控制他，董卓逐渐骄傲放纵，不服从上级指挥。朝廷看到董卓嚣张跋扈，曾试图解除他的兵柄，调他回朝为少府。他以所部羌胡不让他离开为借口，上书拒命。朝廷也无可奈何。中平六年（189），朝廷调董卓为并州牧，令他把部队交由皇甫嵩统领，他又不应命。

可见董卓一直心怀叵测，对朝廷阳奉阴违，这样的人怎能轻易令其带兵入京？在何进被杀的不利局面下，袁绍仍然以一己之力尽诛宦官数千人，这充分证明当初宣召董卓入京毫无必要。如今请神容易送神难，董卓兵马涌入洛阳，首先收编了何进的部曲为己所用，进而诱使吕布杀死执金吾丁原，兼并其众。从此，董卓全面控制了京城的局势，占据了国家的政治中枢。

汝南袁氏，尘封在田野下的高门巨族

　　董卓到京后，曾同刘辩、刘协谈话。那时刘辩已十四岁，对朝中大事却说不清楚；刘协虽只有九岁，讲话却有条理。董卓认为，刘协比刘辩聪明，而且抚养刘协的董太后与自己是同族，于是他心生废立之意。有了这个想法，董卓不能不试探一下士人的态度，尤其是司隶校尉袁绍的态度。裴注《三国志》引《献帝春秋》记录了他们的对话。

　　董卓对袁绍说："皇帝冲闇，非万乘之主。陈留王犹胜，今欲立之。"

　　袁绍的回答斩钉截铁："今帝虽幼冲，未有不善宣闻天下，公欲废嫡立庶，恐众不从公议也。"总之三个字：不同意。

　　得到袁绍这样的回答，董卓大怒："竖子！天下事岂不决我？我今为之，谁敢不从？尔谓董卓刀为不利乎！"

而袁绍却道："天下健者，岂唯董公？"引佩刀横揖而出。

当时董卓权势通天又残暴成性，袁绍在董卓面前如此讲话，一股英雄气概溢于言表。

都说袁绍"色厉胆薄，好谋无断；干大事而惜身，见小利而忘命"，而在这里，我们看到的却是一个不一样的袁绍，一个干大事而不惜身、为大义而忘命的袁绍。

袁绍顶撞了董卓，洛阳已非久留之地。他马上出城，亡奔冀州。

董卓闻得袁绍逃走，准备派人追捕。而侍中周毖、城门校尉伍琼、议郎何颙等人与袁家有旧，暗中保护袁绍。他们在董卓面前为袁绍开脱，说袁绍不识大体，因恐惧而出奔，并非有异志，今若抓捕过急，势必逼反了他。袁氏门生故吏遍于天下，若聚众造反，豪杰英雄必然都去投奔，到时候可就不好对付了。不如赦免他的罪过，拜他做个郡守——袁绍喜于免罪，也就不会生事了。

董卓头脑不灵光，听信了他们的话，任命袁绍为渤海太守，封邟乡侯。袁绍从此有了属于自己的地盘。而董卓也乐得袁绍远遁他乡，自己好安心行废立之事。

袁绍是诸侯讨董卓的"总司令"、一位叱咤风云的英雄人物。魏、蜀、吴三国君主或君主的父辈都是从他的帐下走出，去开创了自己的事业。他是汉末割据势力最大的诸侯，间接地对三国版图的划分、政局变化及各国政策产生了深远的影响。这样一个人物的来龙去脉不得不详细介绍。

袁绍出生于名门望族汝南袁氏。在介绍月旦评时我们讲过，东汉汝南郡治所平舆所在地是今天的河南省驻马店市平舆县射桥镇古城村。这座城已经有三千多年的历史，它本是西周至春秋时期的沈

沈国故城遗址

国故城。据说沈国始封之君是周文王之子聃季载。沈国被蔡国灭国后，都城成为城邑，反而从此走向辉煌，自汉代至魏晋一直是天下数一数二的大郡汝南郡的治所。

来到这座城的遗址时天上正下着淅淅沥沥的小雨，我在田野间勘查城址，脚下泥泞不堪，一脚深一脚浅，费了很大力气才绕着它转了一圈。目前平舆故城大部分的城墙遗址还依稀可辨，护城河中还有清澈的流水。

这时，一个少年一边啃着甘蔗一边向我走来。大家可能不信，平舆地处北方，居然出产甘蔗——大棚种植。所以在平舆乡村，甘蔗是最常见的零食。

"你是来捡宝贝的吗？"他问我。

"这里有什么宝贝？"

"这里下了雨就有宝贝，能捡到鬼脸钱。"

少年口中的"鬼脸钱"是战国时期楚国流通使用的钱币。这种钱币酷似一张人脸，上面的花纹如同鬼的面容，故俗称鬼脸钱、骷髅钱。

我摇摇头："我不是来捡宝贝的，我就是随便看看。"

"你该不会是盗墓的吧？"他突然谨慎起来。

"这里有古墓吗？"我故意问。

少年啃了一口甘蔗，边咀嚼边用手中的甘蔗向四外一指："这里到处都是古墓。但我告诉你，你要是盗墓，绝出不了平舆。"

我受到威胁，反而倍感欣慰。这里的群众文保意识真是强啊。我一边点头答应着，一边逃离了他的视线，登上一处城墙夯土，放眼四望。

眼前是一片阴沉萧瑟的农田，昔日繁华的都市千百年来已经面目全非。

在平舆故城西南约12千米处，有三座坟冢，那是汝南袁氏祖茔。第一个埋在这里的人是东汉司空袁安的父亲袁昌。《后汉书》中记载：袁昌去世后，袁安为父亲寻找墓地，路遇三个书生，他们询问袁安在找什么。袁安说明了意图。书生们听罢，随手一指眼前，道："葬此地，当世为上公。"便一下子就不见了。袁安知道是遇上了神人点化，于是将父亲埋在此处。果然自袁安开始，袁家累世居三公之位，成为望族。

这则传说采用了魏晋时期遇仙传说的一种模式。开创江东基业的孙氏家族祖上也曾有过类似的"经历"，此处就不详说了。

自袁昌之后，袁安及其子袁敞也被埋在这里。这个地方就在今天的平舆县阳城镇新集村与东孔坟村

袁安墓

袁隆平题字

之间，现在被当地人称为袁家冢。一到袁家冢，我便被一块硕大的刻石所吸引，上书"袁氏之宗，天下共仰。汝南袁氏，再创辉煌"，题字人是袁隆平。

袁家冢在乡村公路的北侧，自南向北依次有三座墓。最南边的那座属于东汉司空袁敞，这也是唯一一座保存完好的墓冢。墓冢前有两位老人正在祭拜。我知道，墓冢周围的村庄中有很多袁姓人家，便以为是袁家人在祭祖。我上前攀谈，才知道二老并非袁家人。

"那你们为什么要祭拜袁敞呢？"我有些不解地问。

"这个冢很灵验。"随后他们又对我讲了几个袁家冢有求必应的故事。

原来袁氏祖茔已经成了当地民间信仰的一部分。

袁敞墓的北侧是袁安墓。这座墓在抗日战争时期曾被日军洗劫。1943 年秋天的一个夜晚，日军动用五辆卡车，借着夜色疯狂盗掘了袁安墓。目前袁安墓只剩下了空空的墓室和一堆封土。袁安墓北侧是袁昌墓，于 1972 年被平毁，连封土也没留下，目前已经变作耕地。然而，仍有一座水泥香炉倔强地立在昔日墓冢所在的田野前，香炉上放着一瓶烈酒。

越过这片田野，我仿佛能够看到 19 个世纪之前，那个四世三公家族的高大门阙。

是的，世人提袁绍，必称他生在四世三公之家，又会说他"色厉胆薄，好谋无断"——似乎他的成功都因家势，他的失败都因自己——他是一个十足的废物、败家子，坐拥冀、青、幽、并四州之地，却在形势一片大好之时，输给了曹操。

历史事实真的是这样吗？

我认为，袁绍确实生在四世三公之家，不过出身孤贱。

驻马店袁公子：

不一样的『官五代』

对于出身不好的古人，我们常说其出身贫寒或者出身孤贱。现代人不细抠字眼，这两个词听起来意思差不多，其实却有本质上的差别。

贫指经济上的无力，寒指政治上的无力。袁绍的出身，贫寒自然谈不上，但孤贱却是真的。

所谓孤，是指幼而丧父。袁绍刚出生不久，其父袁逢就将其过继给袁成，而袁成很快就去世了，所以袁绍是"孤"。所谓贱，是指在宗法制家族中没有地位。袁绍是袁逢与女奴私通所生，这在当时是极其卑贱的身份。如袁逢正妻所生的嫡子袁术就不承认有一个这样的哥哥，称袁绍为"吾家奴"，甚至有时都不承认袁绍是袁家的骨血，所以我说袁绍是"贱"。

为了弄清袁绍在袁家地位如何，以及他能够分享多少袁家的政治遗产，我们需要对袁氏几代的族谱进行分析。

袁绍的高祖父袁安，官至司徒。袁安有子袁京和袁敞。袁敞官至司空，袁京官至蜀郡太守。

袁绍出于袁京这一支。袁京有子袁汤，袁汤又有子袁平、袁成、袁逢和袁隗。袁逢有嫡子袁基和袁术。袁绍是袁逢的庶子、袁成的继子。

袁绍的其他叔叔、堂叔还有很多儿子，这样一来与袁绍同辈的袁家子弟就很多了，如山阳太守袁遗、丹阳太守袁胤、济阴太守袁叙等。这么多人都是嫡出，在那个宗法制盛行的年代，哪能轮到一个女奴生的袁绍来继承袁家的政治遗产呢？

我们在研究袁绍时，绝不能只看袁氏家族如何显赫，而不去看他在家族中孤贱的地位。袁绍想要在袁家脱颖而出，成为整个袁氏家族的代言人，这本身就很不容易。

而即使袁绍成了袁家的代言人，集袁家所有政治遗产于一身，也不见得在统治秩序重新洗牌的乱世就能有什么作为，更别说割据一方了。在当时，四世三公的家族绝不止汝南袁氏一家。比如弘农杨氏，自杨震起到杨彪，同样是四世三公，在乱世就只出了个杨修那样的人物。

《三国志》的主要史料来源之一是王沈主撰的《魏书》。极力说明袁绍家族的显赫正是《魏书》借以证明袁绍本人无能的一个手段。而诋毁袁绍无能，不能不让人怀疑《魏书》想要抬高曹操的居心。客观地说，袁绍后来成就的取得，虽有袁家这块金字招牌的荫庇之力，但主要还是靠他自己的才华与努力。

我们现在已经没有一手材料能用来审查《三国志》对袁绍的记载是否公允，但是只要我们静下心来，对现有史料进行分析而不是人云亦云，还是可以剥落人为蒙在袁绍身上的埃尘，发现一个神采奕奕、光彩夺目的乱世英杰的。

在《三国演义》中，袁绍一出场便是帮助何进谋诛宦官，这时的袁绍已经是司隶校尉了，罗贯中对于袁绍早期的拼搏只用了四世三公的门庭加以代替，人们也就忽略了袁绍个人的发展史。

袁绍的早年"人设"我认为可以用"侠士"来概括。"侠士"有两层含义，"侠"是指游侠；"士"是指士人、名士。

现代武侠小说里的侠士，一般都要有很好的武功。而上古至唐代的游侠看重的是性格、气质及作为，不一定要有什么过人的武功。如战国末年著名的游侠荆轲，自己都承认刺秦不成是因为疏于剑术——这样的游侠更接近于"侠"的本质。

与袁绍几乎同时代的荀悦曾经对游侠做出总结："立气势，作威福，结私交，以立强于世者，谓之游侠。"游侠急穷救困，网罗门客，以驰骋于乱世，而少年时代的袁绍便是如此。袁绍的行为甚至引起了宦官赵忠的警惕，说："袁本初坐作声价，好养死士，不知此儿终欲何作！"

作为游侠的袁绍爱"结私交"，大量结交情趣相投的人，一同"游"，即"奔走"。曹操、张邈、何颙、许攸都是袁绍的奔走之友，这些朋友为他事业的发展也做出了不同的贡献。

袁绍所养的死士虽多，但大多数是在急困时得到他帮助的中下层人，他的奔走之友也多是如曹操这样的年轻人。袁绍要想获得更高的声誉必须还要得到社会上层名士的认可，所以他也必须和少年曹操一样，将自己打扮成名士，以适应当时清议、风藻人物的需要。

东汉王朝以孝治天下，选官也首先要举孝廉，因而袁绍也在"孝"上面下足了功夫，以博取名声。袁绍的母亲病故后，他便在家服丧。

三年期满后，袁绍"追感幼孤，又行父服"，又为父亲守丧三年，前后守丧达六年，这在当时是不多见的。《三国志集解》引清人周寿昌的说法："汉臣久不服亲丧，绍为母服三年丧，又能追行父服，此正绍少年养名之时也。"

在党锢之祸中，许多党人受到迫害，亡命在外，而这些党人多为当时的名士。袁绍冒着危险利用各种关系想方设法营救他们。获救的党人因此对袁绍感激不尽，袁绍也进一步巩固了自己在名士心中的形象。天下名士都认定袁绍是能够匡扶汉室的人物。这样袁绍便将侠与士有机地结合到自己身上，成了士人翘首以望的人物。

至此，上至上流名士，下至鸡鸣狗盗的宾客，都很看好袁绍。在后来的群雄逐鹿中，人多归附袁绍，气得袁术大骂："群竖不吾从，而从吾家奴乎！"甚至说出下三烂的话："绍非袁氏子。"

然而，此时庶出的袁绍已经成了整个袁氏家族乃至士族集团的代表，嫡出的袁术只有骂街的份儿了。

董卓悖逆，谋图废立天子。袁绍据理力争，横刀相向，随后悬节于洛阳东门，出奔河北。这一连串举动，正是他游侠与名士风格的彰显。袁绍逃走后，董卓会群臣于朝堂，他自是一番慷慨陈词：大者天地，次者君臣；今皇帝暗弱，不可以奉祀宗庙，为天下之主。于是废少帝为弘农王，立汉灵帝幼子陈留王刘协为帝。大汉王朝终于迎来了它的最后一位君主：汉献帝。

董卓为安抚袁绍，勉强授予他渤海太守的官职。袁绍的一生自此被分为两段——前段是朝堂大臣，后段是割据诸侯。

渤海郡是袁绍作为割据诸侯起家的地方。只过了短短十几年，袁绍便从据有渤海一郡，发展到坐拥冀、青、幽、并四州之地。

渤海郡治所——古皮城遗址

在今天的河北省沧州市南皮县南皮镇张三拨村以西约300米处，有一片古城遗址。这里在春秋时期是燕、齐两国的交界之地，齐桓公为征讨山戎，曾在这里修缮皮革，故此城得名皮城。东汉延光元年（122），渤海郡治所迁到此处。袁绍拜渤海太守后，便来此履职。

古城的东北角有一座望海楼遗址，高约8米，是古城的制高点。据说古时站在望海楼上，可以望见大海。东汉时，华北平原东侧的渤海海岸线并不稳定，地震、海啸不断，史籍中经常有对海侵、海溢的记载，很多地区甚至常年处于浅海之中。这段时期被称作“大海侵”。对于海水究竟是何时退去的，人们目前尚无定论，但可知至迟在唐代，此处的海岸线已趋于稳定。海浸的经历留在人们的记忆中，所以才有了望海楼的传说。如今人们站在望海楼上，只能看到延绵起伏的古城墙，以及古城四周一眼望不到头的耕地、田野。

古皮城望海楼遗址

站在望海楼上眺望古城

端详着城墙残骸，我发现这座古城并不大，长宽皆在 400 米左右，这样的规模在当时也属于小城。而上文提到的袁绍老家汝南郡的治所平舆故城，东西长约 1,350 米，南北宽约 1,500 米，面积是皮城的十倍还多——渤海郡和汝南郡综合实力的差距显而易见。渤海郡是一个鄙薄之郡，而且还一直在被削弱。比如永元六年（公元 94），渤海郡由幽州刺史部改属冀州刺史部时就将所辖的安次县划给了广阳郡。到了汉末，渤海郡所辖县已经不到 10 个了，而同一时期汝南郡所辖县为 37 个。

按照常理，袁绍离开洛阳后应该逃回汝南，那里经济发达，实力雄厚，又是袁氏老巢。而袁绍为何要亡奔河北呢？

河北西、南两面因太行山和天堑黄河而与其他地理单元相隔，易守难攻，董卓想要发兵征讨这里并不容易；刚刚做了冀州牧的韩馥是"袁氏故吏"，会在各方面给袁绍以支持；此人生性懦弱，擅于清辩，却没有立足乱世的能力，袁绍可以伺机喧宾夺主。这些都是显而易见的原因，而河北还有一大优势是很少被今人注意的。

古人很迷信，看重龙兴之地，即各朝代的发迹之地。周、秦、西汉都是在关中发祥：周立足关中，打败了中原的商；秦立足关中，扫平了中原的诸侯；西汉也是立足关中，打败了中原的项羽。因此西汉人普遍认为，得到关中者是可以王天下的。

但是到了东汉，人们的观念改变了。汉光武帝刘秀为了逃避更始帝的迫害，自己请命去河北镇压铜马起义，并在河北收编了铜马义军，建立了自己的武装力量，自封铜马帝，进而过黄河以争天下，开创了东汉基业。在东汉人眼里，河北是本朝的龙兴之地，是可以胜过中原甚至关中的地方；而董卓就是那个时代的王莽，想要复兴大汉，就要以河北为基地——这恐怕是袁绍逃奔河北的一个主要原因。

　　刚到皮城赴任不久，中平六年十二月，袁绍突然听到一则爆炸性的消息：他的好友曹操在陈留郡起兵，声言讨伐董卓。

曹操、陈宫、吕伯奢，
《捉放曹》中的时空错乱

曹操本在洛阳做典军校尉，他又是如何在陈留举起讨董义旗的呢？这一段的演义故事分为"孟德献刀""捉放曹""杀吕伯奢""陈留起兵"等几个段落，大家对此都耳熟能详，所以我在这里不多做重复。我想做的是通过查阅正史资料结合实地考察的方法来还原曹操的这一段经历。

在《三国演义》中，曹操拥有多面化的性格，人们在评价曹操时常说一句话：说不尽的曹操。其实历史上真实的曹操并没有那么复杂。我们看到的曹操的复杂性格多出于后人的装扮——有人想把他装扮成奸贼，有人则想方设法突出他是一个英雄。奸贼加英雄，两方面的结合便形成了一个奸雄的形象。

董卓入京时，曹操虽地位不及袁绍，但也是朝中少壮派的代表，董卓封曹操为骁骑校尉，有意将他拉进自己的战壕。

无论是《三国志》还是裴松之对《三国志》的注释，都没有对"孟德献刀刺董卓"这段故事的记载，可见此事并不存在。不然对于堂堂魏武帝如此的英雄壮举，后世的臣下不可能不大肆宣扬。历史上敢于向董卓横刀相向的人只有袁绍。而曹操曾在年少时潜入大宦官张让的府邸行刺。人们将袁绍、曹操、董卓、张让四个人的故事编织、混合、替换，便演义成了"孟德献刀"。

虽然没有行刺董卓，曹操也清楚地知道董卓的行径必将导致倾覆，因而决不与其为伍。他带着从骑数人，变易姓名，逃出洛阳，准备回归乡里，谋图发展。

曹操在东行的过程中，又有两个颇为著名的演义故事，一为"中牟县令陈宫捉放曹"，一为"曹操杀吕伯奢"。这两件事在历史上隐约存在，但史实与演义大相径庭。

曹操路过中牟县，此时中牟县已收到朝廷下发的捉拿曹操的文书。县中差人将曹操抓获，但县功曹知道曹操是天下雄俊，于是将其放掉。这就是"捉放曹"的始末。至于县功曹是谁，当时的县令是谁，在正史中都没有记载。

曹操在经过成皋时投宿在故人吕伯奢家中。此后的事情在裴注《三国志》上是这样记述的：

《世语》曰：太祖过伯奢。伯奢出行，五子皆在，备宾主礼。太祖自以背卓命，疑其图己，手剑夜杀八人而去。

孙盛《杂记》曰：太祖闻其食器声，以为图己，遂夜杀之。既而凄怆曰："宁我负人，毋人负我！"遂行。

　　可见曹操是一连杀了数人而去；并非先误杀吕伯奢家人，后又巧遇吕伯奢，并在明知是误杀的情况下将错就错将其"补杀"。这两种行为有本质上的不同。

　　既然完全是误杀，不存在"补杀"，这样看来，"宁我负人，毋人负我"这句话也就好理解了。它是曹操在知道自己做错事后，对自己良心的宽慰。

　　成皋位于今天的河南省荥阳市汜水镇，这里是古汜水关遗址的所在地。摊开地图就可以发现，出洛阳向东行 50 千米左右就到了汜水镇，而过了汜水镇再向东走大约 70 千米才到中牟县。曹操是先与吕伯奢相遇，而后才到中牟县的；而且他也断不可能与陈宫一同投宿到吕伯奢家。

　　另外，中牟县的县令也不可能是陈宫。在此之后，曹操和陈宫还有过合作。陈宫对曹操事业的发展起了卓越的贡献，在兖州无主之时，是他提议让曹操做兖州牧的。这是曹操势力发展过程中的一个飞跃，自此他便拥有了一州之地，而此前的曹操只据有一郡之地。在曹操入主兖州之后，陈宫还做了很长一段时间的兖州属官。所以，陈宫因曹操杀害吕伯奢而觉得他不仁并离开他的故事肯定也就不是真实的了。

汜水镇复建的汜水关安澜门

四

诸

侯

讨

董

　　曹操本欲回乡，而路过陈留时，遇到了正在那里做太守的好友张邈。

　　陈留故城遗址在今天的河南省开封市祥符区陈留镇。陈留原本是春秋时期郑国的留邑，因后被陈国所得，故有陈留之称。在战国时期，陈留属于魏国，是魏国都城大梁的东边门户。秦灭魏国时，水淹大梁城，使其成为一片废墟。这为陈留的崛起提供了机会。

　　秦朝时，由都城咸阳通往东方的驰道就自陈留经过。楚汉相争时，陈留一直是双方关注的焦点。郦食其曾对刘邦说："夫陈留，天下之冲，四通五达之郊也。"

　　汉武帝时期济川郡治移至此处，故陈留县改名为陈留郡，归入兖州。此后陈留一直是中原大郡，首邑名都。直到隋唐以后，大梁城，也就是今天的开封市因大运河而再度崛起，陈留才逐渐衰落。

　　今天在陈留古镇之内已经找不到陈留故城的遗迹了。上千年来，接二连三的水患将遗迹一遍又一遍地冲刷涤荡。大部分遗迹已经被深埋于地下。1951年，明清陈留县城城墙被拆除，古陈留彻底消失了。只有流经古镇的古汴河（惠济河）还记得它曾经的样子。

　　在古汴河一侧，还有一座近年重修的陈留城隍庙，显示着这里曾有一座城市。四周围起高墙便有了"城"，城外的城壕叫作"隍"。在古代，级别高于县城要立城隍庙，这是朱元璋定下的制度。

　　陈留城隍庙的大殿上悬有"从善如登"的匾额。"从善如登，从恶如崩"，人如此，城亦然。多少代人的努力才成就一座恢宏的城市，而一场兵火、一场天灾，就可以将这累世的财富毁灭。

　　陈留太守张邈是曹操年少时的奔走之友。张邈也欲起兵，两人一拍即合，曹操因此决定留在陈留，不再回乡。他来到陈留郡下属的己吾县，以这里作为基地，广散家财，招兵买马，制造兵器，囤积粮草。曹操在乡中的亲友，如曹仁、曹洪、曹真、曹休、夏侯渊、夏侯惇等，此时纷纷由谯县赶来，投奔于他。己吾县故城在今天的河南省商丘市宁陵县黄岗镇己吾城村，《宋州从政录》载"宁陵县西南二十里，为己吾县旧城故址"即指此处。己吾县故城城墙遗址一直保存到20世纪中叶，村中老人对其还有依稀的印象。后因平整土地，加之村落扩大，宅基地增多，它逐渐被拆毁。但据村里人说，地面上的城墙虽然消失了，地表之下却还有黄土夯筑层存留。

　　曹操自中平六年九月逃出洛阳，一路奔波，屡遇惊险，终于来

陈留镇内陈留古郡牌坊　　　　　　　　　　　陈留镇惠济河

到了陈留。经过三个月的准备，终于拥有了五千兵马。到当年十二月，曹操敢为天下先，挑起了讨伐董卓的义旗。

东郡太守桥瑁紧随其后，他假传朝廷中三公的手谕，发布讨董卓檄文，天下很多州郡纷纷响应，万马齐喑的大地霎时间沸腾了。因这些州郡都在虎牢关以东，故人们习惯称这些起兵讨董的州郡牧守为关东诸侯。《三国演义》中将他们统称为十八路诸侯。在真实的历史中，起事的诸侯并没有那么多。截至献帝初平元年（190）一月，起事的诸侯共有十三家。除了冀州牧韩馥留在邺城征集军粮外，其他十二家诸侯对洛阳形成扇形包围圈。其中袁绍与河内太守王匡屯于河内；豫州刺史孔伷屯于颍川；兖州刺史刘岱、陈留太守张邈、广陵太守张超、东郡太守桥瑁、山阳太守袁遗、济北相鲍信及曹操屯于酸枣。后将军袁术、长沙太守孙坚屯于鲁阳。诸侯的军队，多者数万人，少者数千人，但加在一起应不下十几万众。各路诸侯在酸枣会盟，共推袁绍为盟主。袁绍此时只是一个小郡的太守，而韩馥、孔伷、刘岱等人都是州牧大员，袁绍能够被推为盟主，足见其威望与能力。袁绍为了提升自己的权威，自号"车骑将军"。

诸侯会盟的地点酸枣是今日延津县的古称，因古代此地盛产酸

陈留镇城隍庙

枣而得名。因为黄河的多次泛滥，如今在延津县已经找不到东汉时期的建筑遗迹了。不过在延津县以北石婆固镇东南不远处有一座明代修建的酸枣阁，我们在那里倒是还可以捕捉到"酸枣"的一些历史信息。

据清代《延津县志》记载，唐代尉迟敬德曾在此地督造东岳庙。尉迟敬德经常将自己的马鞭挂在庙后的一株酸枣树上。东岳庙建成后，人们为纪念尉迟敬德，便将这棵酸枣树保护起来。到了明代，东岳庙倒塌了，酸枣树也枯死了。有人便在枯死的酸枣树周围修建了一座方形阁楼，这就是酸枣阁。

酸枣阁南面有一扇小门，东西墙上各有一扇小窗。由于门窗紧闭，我只能透过门缝觑见里面干枯的古树。据说在北墙上有一方石碣，上面刻有"唐鄂国公尉迟敬德挂鞭处"十一个字，但隔着门缝并不能看见。

明代人越应扬有《酸枣遗踪》诗一首，将酸枣与曹操联系在了一起：

由来斯枣名斯邑，特地参天独而奇。一自司空垂笔后，孤标千载茂声驰。

诗中的斯邑即延津，它因多产酸枣而得名，又因司空的"垂笔"而"声驰"。司空即曹操——他曾做过司空。曹操写了一首《蒿里

酸枣阁

行》，其中，"关东有义士，兴兵讨群凶。初期会盟津，乃心在咸阳"便讲了延津会盟之事，而使此地千古驰名。

在酸枣阁南面，是新修的东岳庙，它异常简陋，甚至比不上普通的农家房舍。酸枣古树的枯死与东岳古庙的坍塌皆因黄河泛滥。我放眼望去，这一带的土皆是黄河带来的黄沙土，那黄水滔天的场面似乎仍在眼前。千百年来，无边无沿的黄河水无数次地冲刷着这里的土地，也冲刷着人们的记忆。

然而，我惊奇地发现，在酸枣阁外，又有几株新生的酸枣树矗立在黄沙之上，顽强地生长着。它们是酸枣阁中古树的根系所生出的新生命吗？

这我不清楚。但我相信，一定是。

没有什么能将历史过往完全遮盖，哪怕是洪水。历史一定会在合适的契机抽出新枝杈。

皇帝葬入太监墓，世界彻底乱套了

　　我们再看看诸侯在酸枣会盟之时，洛阳方面的反应。董卓听闻袁绍、曹操等人反叛，既愤怒又惊慌。董卓认为诸侯反叛的原因是自己废立天子——为免除后患，他逼迫汉少帝（当时的弘农王）饮尽一杯毒酒。他认为汉少帝一死，诸侯没有了盼头，也就默认汉献帝继位的现实了。

　　汉少帝在位仅仅四个多月，还没有来得及营建陵寝，去世后在何处安葬成了难题。董卓突发奇想，"葬弘农王于故中常侍赵忠成圹中"，将汉少帝葬在了宦官赵忠的墓穴中。

　　汉少帝陵是东汉时期最后一座在洛阳的帝陵，它的具体位置同其他东汉帝陵一样，一直不能确定。目前，多数学者倾向于认为洛阳市孟津县送庄镇后沟村南的一座大冢为汉少帝陵。

　　我来这座大墓时正值春夏之交，地里的麦子长得正壮，到处是一派丰收在望的景象。远观此墓，封土呈平顶圜丘型，底面长宽在50 至 60 米之间，高有 7 至 9 米，上面长满荒草。墓西侧不远处还有两个土堆，类似陪葬墓。

这座大墓颇富传奇色彩，在数年前还被认为是北魏孝明帝元诩的陵寝。直到近年来，人们在对东汉帝陵北兆域的调查中有了新发现，后沟村南大墓为北魏孝明帝陵的说法才受到质疑。

考古人员对此墓进行了钻探，发现该墓葬形制为明券双横室墓，而北魏帝陵通常为斜坡墓道单砖室墓，结合该墓封土为东汉平顶圜丘型的特点，从而断定此墓为东汉高级贵族墓，但是到不了帝陵的等级。我来时，封土东侧正巧有村民为铺设节水灌溉管线而挖掘的壕沟，封土中当年夯筑的砖瓦露了出来，我取样仔细辨别，感觉其确实属于东汉时期。

然而，这并不能说明墓主人是谁。西侧那两个类似于陪葬墓的土堆才是判断墓主人的重点。考古人员经过钻探，发现那并非陪葬墓，而是疑似陵园的阙门遗址；他们同时在墓的四周发现了夯土墙垣的痕迹。

这又说明了什么？此墓是一座处在东汉帝陵区域的东汉垣墙环壕型单体墓，这是一种非常奇特的存在。东汉时期，能够葬在帝陵区域者，不是皇族就是宠臣、显贵，他们的墓通常以家族墓的形式存在，不会是单体墓。而且在桓帝之前，没有垣墙环壕的形制；即使是在桓帝之后，垣墙环壕形制也不是谁都能用的。人们早先在洛阳白马寺发掘出一个东汉墓园，墓主为桓帝以后的一个公主，该墓的封土四周有和后沟南大墓类似的夯筑土垣。

后沟南大墓在帝陵区域内，不到帝陵的规格，又不低于公主的规格，且墓主人没有与家人合葬，下葬时间为桓帝以后——综合多

左侧为少帝陵，右侧为阙门遗址

方面来考量，其应为汉少帝陵。

这座陵墓原先的主人应是赵忠，他是十常侍之一，与张让齐名，极受灵帝宠信，可以享受在帝陵区域内营建自己万年吉地的待遇。他在世时骄纵贪婪、横征暴敛，并早早为自己营建了豪华的墓穴。袁绍诛宦官时将其杀死，自然不会将他安葬，这样墓穴就空置了。董卓索性废物利用，将汉少帝葬在其中。因汉少帝当时已被废为弘农王，所以墓葬不是帝陵的规格。

灵帝活着的时候常说："张常侍（张让）是我公，赵常侍（赵忠）是我母。"这样算起来，少帝是埋在奶奶的坟墓里了。

董卓将汉少帝的陵墓大门一关，又开启了更多的皇帝陵墓。

他认为洛阳不再安全，而自己的势力范围在陇右一带，因此准备挟持汉献帝迁都西安，退保潼关以西。

初平元年二月，董卓武装押解汉献帝和文武百官西行；洛阳城内及附近上百万人口一并随之西迁。城中的老百姓过了一百多年的太平日子，对突如其来的灾祸毫无准备，他们抛家弃产，扶老携幼，哭爹喊娘，在路上被董卓的骑兵肆意践踏，积尸满路。

董卓则将洛阳的宫殿、宗庙、官府、民宅付之一炬。可叹东汉首善之地，累世的财富化为乌有——但不是顷刻化为乌有，因为据说大火数月不灭。董卓又令吕布悉数发掘东汉帝陵和公卿墓葬，盗取里面的珍宝。

如今在洛阳白马寺以东大约 2 千米，有一处汉魏洛阳故城遗址。因为汉末的战乱，曹魏、西晋相继重修洛阳，西晋战乱之后，北朝

汉魏洛阳故城遗址

又重修洛阳，致使汉魏洛阳故城遗址并非东汉原物——不过灵台是个例外。

灵台坐落于汉魏洛阳故城的南郊。在今天的河南省洛阳市伊滨区佃庄镇朱圪垱村西北角的一片麦田中，有一座高约 8 米，东西宽约 30 米，南北长约 40 米的夯土高台。这里就是东汉时期的"国家天文台"——灵台遗址，也是我国现存最早的国家天文台遗迹。

笔者在汉魏洛阳故城遗址发现的带有纹饰的砖瓦

天文与历史在今天看来是关系并不大的两个学科。但在东汉时期，天文台是太史令的下属机构。这是汉代天人感应思想的一种体现。汉代人认为星空是人间的一面镜子，天上有什么样的天象，人间就会出现什么样的事件，于是观察天象便成了东汉人判断人间祸福的一种方式。

东汉科学家张衡在做太史令的时候，曾常年在这座高高的夯土台上观测天象，他所发明的地动仪、浑天仪也曾经被置于这座高台之上。

灵台作为天文观测台，使用时间长达 250 年之久。因为即使夯土高台上的建筑需要修缮，高台本身也不需要拆掉重筑，所以高台还是东汉原物。《洛阳伽蓝记》中所载"东有灵台一所，基址虽颓，犹高五丈余，即是汉光武所立者"指的就是它。

说起来，灵台遗址和本人还有一段渊源。灵台遗址曾以彩色图片的形式刊登在 1978 年 1 月号的《考古》杂志上。我父亲当年购买了这本杂志。在我的幼年时代，因为当时很难见到彩色图片，灵台遗址的彩图便吸引了我的目光。当时的我不明白，一片田地中的土丘，为什么值得以彩色图片这么奢侈的形式刊登。父亲于是给我讲东汉的历史、洛阳的历史、灵台的历史。从那时起，我便萌发了长大之后一定要到那里去看看的想法。这也算是在我幼小的心灵中种下了一颗寻访古迹的种子吧。今天我终于站在了这片麦田之上，站在了灵台之上。仰望苍天，眺望大地，我仿佛与一千九百多年前的张衡相遇，与童年时的自己相遇。

张衡用古人那天真的眼光投向星空，而我用孩童那天真的眼光投向历史。或许我们当时的一些想法在今天看来都幼稚可笑，然而，那又有什么关系呢？关键的是那一颗种子。谁敢说今天中国人的飞天探月，不是来源于张衡当年投向天空的那一瞥呢！

灵台遗址

在"十八路诸侯讨董卓"的过程中，最有名的故事莫过于"温酒斩华雄"和"三英战吕布"。这两则故事的主角都是桃园三兄弟。《三国演义》中他们跟随公孙瓒参加了会盟，经此一役由名不见经传的小角色变得闻名天下。然而根据上文列出的名单，公孙瓒根本就没参加会盟，那么桃园三兄弟又是跟随谁参加了讨董之役呢？

答案令人大跌眼镜——桃园三兄弟此时很有可能跟随着曹操。解释这个问题，还要从刘、关、张涿州聚首之后说起。

三人聚首后，率领乡人参加了镇压黄巾军的战争，因有军功，刘备被任命为安喜县尉。安喜县原为汉初所置的安险县，属于刘备先祖的中山国管辖范围，因《中山记》曰："县在唐水之曲，山高岸险。"故得名安险。东汉章帝时为讨"邑丰民安"的吉利，将其改名为安熹，又称安喜。这个县一直到明代才被废除。

安喜县的故址在河北省定州市城区以东 15 千米的东亭镇固城村。如今，这里是冀中一座仅有六七百人的小村庄。刘备做县尉时，这里发生了著名的怒鞭督邮事件，但主角不是《三国演义》中所说的张飞，而是刘备本人。

督邮是汉代至魏晋南北朝时期地方上郡一级的监察官，负责代替郡守到下属县监察县政，包括监察县令对上级指派工作的执行情况及各长吏的不法行为、工作作风、个人素质等。何为"督邮"，不太容易解释。"督"是督查，这很明确；难点在"邮"字。"邮"在古代汉语中有失误、过错之义。

督邮执掌的事务涉及监察、司法等很多方面，随着职能的逐渐扩大，权力也不断膨胀。督邮虽有这么大的权力，却秩卑俸薄。《后汉书·百官志》记载，督邮的禄秩不过百石，而其监察的县令长，位尊者禄秩为六百石乃至千石，像刘备这样的位低者也有三百石。这就导致了两个结果：一方面，督邮权力大、俸禄低，极易对属县"吃拿卡要"、巧取豪夺；另一方面，县令对于禄秩本低于自己的督邮表面奉迎，心中蔑视。

当时坊间传言，朝廷要"沙汰以军功为官者"。督邮来到安喜县，刘备就怀疑他此来对己不利，主动求见。不想督邮称疾不肯相见。刘备大怒，径直闯入督邮住处。刘备接下来的做法体现了他的枭雄本色，他扬言："我被府君密教收督邮。"刘备声称是郡太守密令自己抓捕督邮。守卫人员不知真假，一时不敢妄动。刘备就将督邮抓了起来，带着他离开县城，假惺惺要押解其到郡里。将出县界，刘备将督邮缚在大树上，自解官绶系在他颈上，表示弃官，并鞭杖他百余下，还不解恨，又欲杀之。督邮苦苦哀求，刘备才将其释放。刘备从此带着关羽、张飞二人亡命天涯。

当时宦官集团当政，刘备的做法自然得罪了他们，而外戚集团却需要刘备这样的人。所以不久之后，刘备投靠了何进，并再次立下了战功。刘备做了几任下密丞、高唐尉这样的下级官职。灵帝末年，他也在洛阳。裴注《三国志》引王粲《英雄记》云：

灵帝末年，备尝在京师，后与曹公俱还沛国，募召合众。会灵帝崩，天下大乱，备亦起军从讨董卓。

如果是这样，上文所讲的曹操"从数骑"逃归乡里，这"数骑"中可能就有刘、关、张三人。这是多么有趣的一件事。

"温酒斩华雄"是《三国演义》中关羽的成名之战。华雄这个人生平不详，甚至历史上有没有其人还存在疑问。演义中说他是关西人，这在正史中没有记载，可能因为董卓起于关西，故将华雄的籍贯也安在了关西。

《三国志》记载，袁术手下的破虏将军、长沙太守孙坚大破董卓军，并将其都督华雄枭首。可见华雄之死与关羽并无关系。

桃园三兄弟在讨伐董卓一役中的第二次突出表现便是虎牢关前的"三英战吕布"。这场战斗是《三国演义》中三人唯一一次联袂出战。此事在历史上也并无记载，应属后人杜撰，但杜撰得合理，杜撰得惊奇。桃园三兄弟与吕布杀得惊神泣鬼、天昏地暗，使后人希望此事为真，也相信此事为真。

别的不讲，就拿这场厮杀的发生地来说，选在虎牢关，就颇为讲究。

虎牢关在今天的河南省荥阳市汜水镇虎牢关村。此地东汉时属

虎牢关石碑

成皋，离吕伯奢家不远。虎牢之名源于西周，周穆王在此狩猎，擒得猛虎，制一木笼豢养，故此地得名虎牢。虎牢关北枕黄河，南望嵩岳，东接开封，西连洛阳，是中国古代尤其是宋代之前最重要的关隘之一。

自宋代起，虎牢关的地位明显下降，这是因为它位于中原——当洛阳处于政治中心时，在东西政治势力的角逐中，其战略区位优势明显；而自宋代以后，洛阳便不再是政治中心，东西政治势力的角逐也改为南北政治势力

虎牢关关城残迹

的角逐，尤其是中原政权与北方游牧政权之间的角逐。这使得重要的关隘由黄河一线的虎牢关—潼关，转变为长城一线的山海关—雁门关。到明清时期，这种情形更加明显了。

明清时期，虎牢关的关城已经破败不堪，但断壁残垣犹存，其当年风度仍然依稀可辨。《三国演义》的故事传开后，人们在关城之西立了一座三义庙，以纪念刘、关、张"三英战吕布"。20 世纪 50 年代以后，虎牢关的残骸被大规模拆除，三义庙也一起被毁，其建材石料被拉到不远处的汜水河用来铺架桥梁。

如今三义庙已经重建，但名字却改为了关帝庙。大殿正中"山西夫子"匾额，就像戏园前的水牌子，宣示着贴谁的名字可以卖出票去。是啊，三义庙远不如关帝庙能够吸引香客。

虎牢关三义庙

就在桃园三兄弟在虎牢关前盘踞并享受香火的同时，鏖战的另一方，以一敌三的吕奉先也悄然在雄关旁划出了自己的地盘，印下了自己的传奇。

在虎牢关的西山上，有一座吕布城遗址。其最高点是山巅的一座高台，据传是吕布点将之处，故称吕布点将台。点将台非常陡峭，仅有沿着夯土墙壁抠出的简易土阶可供人攀缘而上。我一边小心登爬，一边庆幸自己来得正是时候——若是赶上雨天，地面泥泞湿滑，这样的台阶是无论如何也上不去的。

吕布点将台

徘徊在点将台上，可以看到黄河与邙山自西而来，在这里碰撞。在我的脚下，邙山的北坡因黄河的冲刷而极为险峻，形成百米峭崖。这里的黄河似乎没有河道，只是在茫茫大地上漫流，汪洋恣意，肆虐纵横。

邙山南侧有一条深壑幽谷，那是远古洪水所造成的一条狭长冲沟。冲沟虽窄，但深达数十米甚至百米。无论是东出洛阳还是西进洛阳，这里都是必经之地——虎牢关便坐落其中。

抬望眼，黄河之水天上来；一回眸，虎牢萧瑟不知处。我深深吸了一口新鲜的空气，似乎嗅到了黄河带来的远古气息。

岁月极美，在于它如黄河般汪洋纵横；岁月极美，在于它如邙山般坚韧克制；岁月极美，在于它如虎牢般默默不语，消散而去。

站在吕布点将台上，眺望黄河在茫茫大地上漫流

发现郿坞——

三国『第一堡垒』的前世今生

放下关东诸侯，再表国贼董卓。

董卓在西逃之前，已经让自己"迁相国，封郿侯，赞拜不名，剑履上殿"。进入长安城后，他自认为高枕无忧，便更是肆无忌惮。他的车马如同御驾，出入的排场比如天子。他将自己的地位提升到各诸侯王之上，上朝时，公卿要先拜迎他，但他不必还礼。

董卓不但奢纵僭越，而且也充分显露了他暴戾凶残的本性——即使是三公九卿，稍不合其心意，便遭当场诛杀，至于其他人，就更不被他放在眼里了。

魏晋战乱时期，地方豪强多建筑坞壁以自守。因董卓自封为郿侯，郿县是他的采食之邑，他便下大力气在郿县修建了一座大型坞壁，称之为郿坞。

长久以来，人们只知道郿坞在郿县，但其具体方位一直失考。

2008 年，连霍高速西安至宝鸡段正在扩建，有关部门准备在眉县（1964 年，郿县改为眉县）的常兴镇增设一个服务区。考古部门在对常兴镇尧上村的服务区用地进行考古勘测时，意外地发现了一个汉代大型陶器作坊。

这个作坊是专门用来烧制筒瓦、铺地砖、空心砖等陶制建筑材料的。这些建筑材料规格很高，生产规模很大，人们推断在作坊附近一定有古城或宫殿遗址。

果然在两年后，根据当地村民提供的线索，考古人员在离尧上村不远的柳巷村的麦地中发现了一座古城遗址。据文献和出土文物判断，这处遗址很有可能就是当年董卓修建的郿坞。

我在这一带考察，先到了尧上村。在新建的常兴服务区边上，有一片耕地，我向正在田间耕作的农民老哥打听这里是不是当年挖掘出建筑材料作坊的地方。

常兴镇尧上村的汉代大型陶器作坊遗址

柳巷古城遗址

他很腼腆地用"大唐雅音"对我说："是的呢。"

但是他又很遗憾地说："当年没有挖到值钱的东西，只有一些砖头瓦片。"

我笑着问他："什么是值钱的东西？"

"金银财宝呗。"

"砖头瓦片也很有价值呀，它们能证明眉县的历史，有时比金银财宝更有价值。"我说。

这次轮到他笑了："那些东西有什么用？地里有的是，还会影响种田。我们翻出来，全都扔到旁边的小路上了。"

我往那条乡间小路上一看，果然，有很多砖瓦碎片，都深深地嵌在了路里面。

随后，我又来到柳巷村，向村民打听柳巷古城的情况。

一位老人家指了指北面山下的一片平缓地带："古城就在那里。"

　　我望了望，古城遗址现在已经重新回填为耕地，一些村民三三两两在地里干着农活。

　　"这座古城当年是怎么发现的啊？"

　　"当年在这里取土时，有人反映地下的黄土特别坚硬，用铁锹、铁镐都挖不动。我们村里人就怀疑田底下是一座古城。"

　　我抬眼观察这片原野。古城的选址极好，它坐落在渭河谷地上，北面是连绵的山峰，可以作为古城的屏障，又可在上面设置烽燧，为古城预警。古城以南大约一千米处，陇海铁路与连霍高速依偎着渭河并行而过。这里在汉代是长安通往西域的官道，也就是当年丝绸之路的一部分。古城坐落于此，既有安全保障又交通便利。

　　据说郿坞城墙的高、厚与长安城一样。郿坞建成后，董卓将其家属悉数迁入郿坞，在里面囤积了大量的黄金白银，至于其他奇

柳巷城址文保碑

珍异宝更是堆积如山，不计其数。董卓还将掠夺来的民间美女带入郿坞，并储存了二十年也吃不完的军粮。董卓不无自信地说："事成，雄踞天下；不成，守此足以毕老。"故称其为"万岁坞"。这是当之无愧的"三国第一堡垒"。

董卓自认为进退自如，可就在此时，一位历史上最富传奇色彩的女子姗姗登场了，她将使这位汉末乱世中第一位称雄的军阀由进退自如变为进退失据。

福祸于旦夕间转换，霸业于风云间消散。

五
乱
长
安

貂蝉戏吕布，一条连不上的『连环计』

在《三国演义》中，王允、貂蝉、董卓、吕布因一条连环计被紧紧地绑定在一起。但这条千载来人皆称妙的计策，细想来实在破绽太多。

王允既然能够使董卓脱离吕布的保护来到自己家中，为何不直接将其刺杀？

吕布离开董卓，独自到王允家赴宴，这种私下结交朝臣的行为难道就不会引起董卓的怀疑？

董卓是吕布的义父，王允将貂蝉许配与吕布，按理吕布应先禀明董卓。即使吕布一时色迷心窍，不经董卓同意就答应下来，事后又为何不向董卓禀报？

王允将貂蝉先许吕布，后与董卓。这件事情怎会做得如此密不透风？即使旁人不知，董卓与吕布这对父子又怎么会不就此交流沟通？

诡计多端的谋士李儒在董卓与吕布之间打圆场，吕布对于自己与貂蝉的关系为何始终不对李儒发一言？

连环计的进程如此不合逻辑，而史书上没有对它以及貂蝉其人只言片语的记载，我们基本可以肯定，貂蝉在历史上并不存在，而"王司徒巧使连环计"不过是后人杜撰的一个三国故事。

然而因为这个故事过于新奇，过于精彩，又是《三国演义》中仅有的由女性主导历史走向的事件，以至于人们都已不再关注事件的合理性，而沉浸在新奇与精彩所带来的历史别味中去了。

故事的关键人物貂蝉来自何方？迄今有四种说法：

一是她来自甘肃临洮。这种说法源于《三国志平话》。如今在临洮，仍有一片水泊，名曰貂蝉湖。

二是她来自陕西米脂。在陕北有谚语：米脂的婆姨，绥德的汉。指的就是貂蝉生于米脂，而吕布生于绥德。陕北人会说，米脂的婆姨如山丹丹一样美丽，比如貂蝉；绥德的汉子像黄土地一样壮实，比如吕布。在米脂县杜家石沟镇艾好湾村，至今仍存留着一座貂蝉洞，以示纪念。

三是她来自河北永年。这种说法在近年来兴起，其依据是永年文物市场中的唐代的墓志和宋代的石碑上都提到当地有村名曰貂蝉村。于是当地人认为，貂蝉与永年有某种联系，甚至有人干脆武断地说貂蝉就是永年人。这一说法不足为论，貂蝉本不是故事中美女貂蝉的特有称谓。汉代，貂蝉是皇帝的侍从官员帽子上的装饰品。永年古代有貂蝉村，人们为何不说那个村子和帽饰貂蝉有一定联系，而非要说它与美女貂蝉有联系呢？

第四种说法，也是最权威的一种说法出自元杂剧《锦云堂暗定连环计》：貂蝉对王允自报家门，说自己本是忻州木耳村人氏，任昂之女，小字红昌。忻州木耳村，即现在的忻州市忻府区西张乡木芝村。

不但貂蝉出自山西，山西人认为吕布也是他们的同乡——来自山西的定襄。关于吕布和貂蝉，陕北人有谚语，山西人也有谚语——忻州无好女，定襄无好男。这乍一听不像好话，但山西人会对你解释：因为忻州出了貂蝉，定襄出了吕布，将那里的灵气都用完了，所以就再也出不了好女好男了。这是明贬暗褒，山西人的谚语较之陕北人的更高一筹。当然，说吕布是绥德人或定襄人都不准确，他应该是并州五原郡九原县人。

忻州木芝村不仅被当地人传为貂蝉故里，村南甚至还有一座貂蝉墓。据村民介绍，貂蝉墓原本是一抔黄土。前些年，当地搞旅游，建了一座貂蝉陵园。开始还算热闹，但后来就参观者寥寥了，只能歇业大吉。

我来到貂蝉陵园门口，见大门紧闭，一侧的售票处窗口早已被砸毁。陵园内部一片衰败，有几百只鸟雀在园中安息，它们没想到

忻州市木芝村貂蝉墓

有人进来，受了惊吓，扑啦啦地飞走了。貂蝉墓是一座不大的土丘，墓前有一座美女雕像，这就是人们心目中的貂蝉。然而"美人"身形犹在，衣衫却已经斑驳，脸上糊着污垢，想必多年没有得到清理维护了。这里并没有其他旅游资源，一座孤零零的貂蝉墓受此冷遇，也在情理之中了。

貂蝉其人虽在历史中并不存在，但"吕布戏貂蝉"，董卓与吕布之间因一女子而产生矛盾的情节又并非凭空杜撰，它是有一定的史实依据的。《三国志·吕布传》载："布与卓侍婢私通，恐事发觉，心不自安。"当然，这个侍女在历史上并没有留下名字，她可以算作貂蝉的原型，但故事与史实情节差距很大。这个侍女脚踩两只船并非受谁指使，也不存在什么阴谋。

另有一次，吕布曾因小事而惹恼了董卓。董卓情急之下拔出手戟，掷击吕布。吕布躲过了手戟，向董卓谢罪，方才逃过一劫。自此之后，吕布心中更加不安。这便是"凤仪亭"故事的原型。

因这两件事，吕布与董卓的关系有了裂痕。司徒王允是朝中重臣、士人领袖，又与吕布是并州同乡。王允巧妙地利用了董卓与吕布间的裂痕以及自己与吕布的同乡之谊来策反吕布。起初，吕布还因与董卓有父子之名而犹豫不决。王允反问道："君自姓吕，本非骨肉，今忧死不暇，何谓父子？掷戟之时，岂有父子情邪？"吕布遂许之。

与吕布一同被策反的，还有董卓阵营的另一位并州人，吕布的好友李肃。此人在刺杀董卓的过程中也起了至关重要的作用。

看惯阴谋的未央宫，

不在乎再看一次

　　汉献帝初平三年（192）四月，献帝偶染疾病，刚刚痊愈。为庆祝此事，献帝在未央宫大会群臣。

　　未央宫是西汉的大朝正宫，汉初由萧何主持修建。其形制非常庞大，总面积约有六个北京故宫那么大，建成后，西汉皇帝一直居于此。东汉建立后，皇帝长期居于洛阳，但一百多年间也先后三次对未央宫进行了修葺。直至董卓劫持汉献帝西迁长安，未央宫再次成为国家的政治中心。

　　未央宫遗址在今陕西省西安市西北郊。我到那里时正赶上有关部门对遗址进行大规模绿化，禁止机动车驶入，我只能骑着共享单车进去，因此对未央宫的庞大感受更深。正值金秋，许许多多的树木——人工种植或千百年来野生的——都纷纷扬扬地飘下黄叶。"秋风吹渭水，落叶满长安"大概就是这个样子吧。骑行了许久，我才来到大殿遗址。

当年萧何在龙首原上直接依山起殿，时至今日，我眼前的一片废墟仍然显得高大威严。大殿遗址上有几棵树，两个绿化工人正在树荫下午休。他们睡得正香，隐隐传来鼾声。几只鸦雀在树尖草间飞来飞去。这里当初是何所在，多少叱咤风云的人物至此都毕恭毕敬，如今却已是寻常百姓鼾睡之所。沿着一条荒丛小径，踩着满地

未央宫前殿遗址，吕布刺董卓于此

未央宫前殿遗址近景

的秦砖汉瓦，我也"剑履上殿"吧。

被称作"五号建筑"的宫殿遗址是未央宫的制高点。我站在其上，将整个汉代长安故城尽收眼底；向东南望去，今日西安城的高楼大厦隐现在雾霾之中。望着望着，我突然信口诌出几句：长安不见使人愁，见了长安愁上愁。经行秦汉伤心地，悔恨当初觅封侯。

一辆越野车停在未央宫旁，走下来男女老少一家人，还有一只狗。虽然有明令禁止汽车驶入遗址区，但总会有特殊的人。这让我想起了当年那些在长安城中呼啸而过的肥马轻裘。未央宫早就看惯了这些，只有我这样的人才会少见多怪。

未央宫不但看惯了权贵，也看惯了阴谋。汉朝存在了四百多年，在未央宫眼皮底下发生阴谋的不可计数，其中，尤以一头一尾的两个名声最著。前者是在未央宫刚刚落成时，吕后、萧何联合铲除韩信；后者是在汉室摇摇欲坠时，王允、吕布联合铲除董卓。

那一天，吕布怀揣讨逆诏书，随董卓一同入宫。董卓入宫后，李肃率勇士十余人突然杀出。董卓呼唤吕布保护自己，吕布却高喊奉诏讨贼，将董卓刺死。

当然，吕布能够脱离董卓阵营，并给他反手一击，也绝非只因其与董卓的侍女私通以及董卓向其掷戟——那不过是董卓与吕布之间深层矛盾的外在表现罢了。

董卓经营凉州数十年，是凉州军阀的领袖，然而吕布却不是董卓的心腹旧部。吕布刺死丁原后，才归于董卓麾下，跟随董卓的时间并不长。吕布出身并州，也不能完全融入凉州军阀集团。在夺取天下时，受名利的诱惑与鼓动，吕布可以同董卓合作。然而眼下董卓仓皇退守长安，早已没有了当初睥睨天下的气势，甚至想躲进郿

汉长安城城墙遗址

坞终老，他对吕布的控制力自然会降低。这时作为同乡兼士人集团领袖的王允，适时向吕布伸出橄榄枝，许以高官厚禄，吕布自然就再次"人往高处走"了。

既然吕布刺董卓是东汉末年士人与军阀之间及军阀派系之间一次政治斗争的结果，那么后人为何要将大汉之国运系于一个歌女之身，让貂蝉博得百世英名呢？

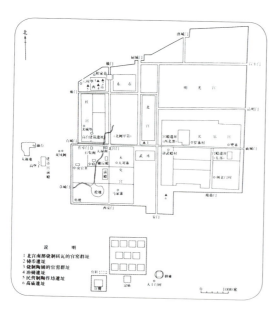
汉代长安城平面图

被后世加工塑造出的貂蝉形象，人皆以其为大义。这看似是对女性在历史中所起作用的重视，实际上却是对女性的一种蔑视。貂蝉与妲己、褒姒、西施等人在历史上的定位并无二致，都是红颜祸水。人们看不到女性在历史上所发挥的真正作用，只能看到她们以声色为戈矛的一面。所以对貂蝉的英名化，恰恰是对女性的污名化。

董卓死后，王允掌握朝政，封吕布为温侯。《三国演义》中说吕布被董卓封为温侯，非也——吕布被封为温侯正是因其刺董之功。温侯即温县侯，是一个很了不得的爵位。温县是河内郡的一个县，司马懿的老家便在此处。汉代的侯爵分为县侯、乡侯、亭侯等，其中县侯是最高等级。

王允对吕布厚加赏赐，对董卓一伙可不客气。他派皇甫嵩率兵到郿坞抄家。郿坞这座"三国第一堡垒"，没有等到够吃二十年的军粮耗尽，就在两年内不攻自破了。董卓宗族老少悉数被杀，他的老母年已九十，也被斩首。王允收集董卓三族的尸骸聚而焚之，又将董卓暴尸于市。董卓身体肥硕，夜间的守尸人在其肚脐中放上棉线，用尸油点灯，据说能够"光明达旦，如是积日"。宋代苏轼曾写诗讽刺董卓，题为《郿坞》：

> 衣中甲厚行何惧，坞里金多退足凭。
> 毕竟英雄谁得似，脐脂自照不须灯。

在为朝廷立过功，而后控制皇帝、怀有二心的三国人物中，曹操和司马懿得到后人的评论都是褒贬不一的，唯有董卓可以说是千夫所指。他也如曹操、司马懿一样有挟天子以令诸侯的优势，却落得身死名裂。

在汉末乱世，董卓本有机会重整天下成为一代名臣，甚至取汉而代之。可惜他终究是一介武夫，以暴力起家，又以暴力维持统治，在许多敏感问题上率性而为，不懂得利用权谋和等待时机。比如他在还没有站稳脚跟时就擅行废立，这是大忌，很容易被政敌利用，而成为众矢之的。反观曹操、司马懿，一生也没有实行废立。可以说董卓一开场就已经种下祸根。

对皇帝的态度反映了对秩序的态度。董卓对皇帝都敢于擅自废立，对于汉朝数百年累积下来的政治秩序、经济秩序更是任意取舍，丝毫不考虑大局与规律。比如他擅自更改五铢钱形制，铸造臭名昭著的"董卓小钱"，以致经济崩溃；将自己封为相国，僭越政治礼仪；以及迁都、毁陵、屠杀百姓等，弄得天怒人怨。

如此肆意妄为，设使世间无"貂蝉"，董卓又怎能长久？

蔡邕，一个被忽视的关键先生

对于董卓伏诛，长安的士人和百姓是热烈欢迎的，史载"长安士庶咸相庆贺"，甚至有女人将自己的首饰卖掉，沽酒庆祝。然而，有人却公然在王允面前流露出叹惋之情。这个人就是蔡邕。

蔡邕是东汉末年最重要的文人，他不光在经学、书法、音乐等方面有着极高的造诣，而且在灵帝朝、献帝朝曾数次干预政事。他人生的起伏是东汉王朝命运的缩影，而他的结局甚至在一定程度上影响了东汉王朝的命运。

然而因为他仅仅是一个学者，并非政治家，后世对他的考量主要集中在学术、才艺方面，而对他在政治方面的影响谈论不多。

蔡邕精于篆书、隶书，他在历史上最重要的贡献在于书法方面。据说有一次蔡邕看到修饰鸿都门的匠人用扫帚写字，笔画中有很多枯丝露白之处，于是受到启发，独创了飞白笔法。汉灵帝十分欣赏蔡邕的书法，令其将国学经典一一书写刻石，立于太学内，即我们前文所提到的《熹平石经》。

因其在书法上的成就,蔡邕成为书法史上的箭垛式人物。许多传世的东汉碑刻或摩崖石刻,都被安到蔡邕头上,算作他的作品。如我曾瞻仰过的河南省鄢陵县的尹宙碑。它是豫州从事尹宙的墓碑。此碑字体虽为隶书,却近乎楷体,是隶书向楷书过渡的典范之作。当地人传说书法大家钟繇,年幼时曾在尹宙碑下临摹,逐渐领悟了其中精髓,将隶书变为楷书,而被尊为"楷书之祖"。

后来,尹宙碑因战乱而消失,千余载中仅有传说。元皇庆元年（1312）,鄢陵县的达鲁花赤重修孔庙,在附近广求石材,居然意外获得此碑。在元末战乱中,这块"汉碑之尤"再次没入土中,明代因洪水冲刷,它又再次被发现,自此之后,立于鄢陵县孔庙戟门之内。如今孔庙已改为鄢陵县初级中学。一位素不相识的老师听说我专程为尹宙碑远道而来,遂带我入戟门瞻仰。此碑字体方正敦厚,结构内紧外拓,用笔秀逸雄浑,古人评其"无一字不生动,无一字不规矩",我信矣。

尹宙碑文保碑

蔡邕的为人，如他的书法一般。然而正是这样的品德让他在政治上屡屡吃亏，并最终要了他的命。灵帝曾召见蔡邕询问国家大事。灵帝说，近年来国家灾变不断，朝廷焦心，朕怀恐惧，但遍访公卿，大家都莫肯多言，希望你能指出朝廷的过失，知无不言。

蔡邕便上了一份奏章，指出外戚、宦官干预政事是国家发生灾变的原因。灵帝在阅览奏章时，不住叹息。

尹宙碑拓片局部

过了一会儿，灵帝起身如厕，蔡邕的奏章就放在书案之上，周围的宦官借机偷窥奏章，于是对蔡邕怀恨在心。不久后他们诬陷蔡邕有罪，将其流放。幸好第二年灵帝大赦天下，将蔡邕赦免。蔡邕被赦后回到家乡，不想又因自己的性格而得罪了地方官员。地方官员告发他诽谤朝廷，蔡邕惧罪，逃奔吴越，到江南过起了隐居生活，一待就是十二年。

这十二年中，蔡邕在江南的很多地方留下了足迹，其中最为有名者，当属溧阳的蔡邕读书台。蔡邕读书台在江苏省溧阳市天目湖镇的观山北麓。如今这里有一座叫作陆家边的小村庄。村庄极小，"陆"不是姓氏，而是数字，即言其只有六户人家。

一条小河穿村而过，汇入东面一千米之外的大溪水库。河水中，一只绿头鸭带着几只灰鸭，优哉游哉地嬉戏。村舍白墙灰瓦，一片南派之风；庭院多为开放式，不设围墙，有几张渔网挂在院中。村里人三三两两地聚在一起聊天。

南宋哲人、诗人陈亮曾造访此地，留下《蔡邕读书台》诗两首，其一所云，正是我眼前的景致：

> 曲曲清溪映白沙，望中几树桃李花。
> 世情不到花开处，鸡犬桑麻三两家。

一位村民告诉我，蔡邕读书台遗址就在村北侧的水田中，现在已经承包给个人——在上面养鹿。我穿过刚刚翻过的水田，成群的麻雀被惊起。我的目光随着麻雀冲上天空，却又发现更远处有几只雄鹰在盘旋，我瞬间感到江南的天地竟是如此辽阔。

陈亮在另一首《蔡邕读书台》中写道："一拳宛在水中央，万顷湖波浸渺茫。"而如今的读书台只是一座荒废的土丘，在水田之中拳拳而立，并无万顷湖波。原来，20 世纪 50 年代，政府在读书台以东修建大溪水库，调节洪水、蓄力发电，使此处逐渐淤塞成田。清康熙《溧阳县志》载："蔡邕读书堂在县西四十里读书台上，在泰虚观东北，今蔡氏堂独存。"嘉庆《溧阳县志》载："蔡邕读书台在泰虚观东北，今废。"光绪《溧阳县志》载："（蔡邕）其在吴十二年，相传曾读书于此，今废。"看来蔡邕读书台荒废的时间就在清康熙至嘉庆之间。

读书台并不只用于读书，就像蔡邕的才华并不只限于书法——他还是一位杰出的音乐家，善于听琴、抚琴、制琴。相传蔡邕流落江南，见有人以桐木为薪柴。听到桐木的爆裂声，蔡邕知道此木是

蔡邕读书台遗址

制琴的良材，于是将其从火中救出，斫以为琴，果有美妙之音。然而琴尾处已被烧焦，故得名焦尾琴。此琴被列为中国古代四大名琴之一，至南朝时，仍为皇室之宝，南齐明帝常常弹之。传说蔡邕制焦尾琴之处，即眼前这座读书台。

　　读书、抚琴，蔡邕若如此了却一生，倒也是件美事。然而人因名显，亦因名亡。像蔡邕这样的标志性人物，不会被政治恶风轻易地放过。灵帝死后，董卓专权。他虽然很残暴，但也知道撇开士大夫是难以维持统治的。董卓要表现出一种革新前朝弊端的姿态来，于是擢用名流，以收人心。他征召才学与名望俱高、屡遭阉党陷害的名士入朝参政，将蔡邕列为重点统战对象。开始蔡邕本不愿与董卓为伍，称疾推脱。董卓便以"夷灭三族"相威胁，强召蔡邕入京。蔡邕无奈，只得遵命。没想到蔡邕入京后，董卓对其非常敬重，曾连续三天为其升官，史称三日之内"周历三台"，最终拜其为左中郎将。故后人称蔡邕为蔡中郎。蔡邕对董卓的态度也由最初的抵触，逐渐转变为了感激。

蔡邕并未助纣为虐，他在董卓面前仍然方正敦厚，直言劝谏。比如董卓的鹰犬认为他可以与姜太公相提并论，想让他自称尚父；蔡邕明确表示反对，认为董卓的威德不够，只有平定关东诸侯，待皇帝车驾返回洛阳之后，方可讨论此事。董卓从其言。

再比如后来某地发生地震，董卓问蔡邕是何缘故。蔡邕答是臣下逾制所致，并直截了当地说：明公的车驾，金华青盖，并不适宜。董卓也不恼怒，而是将自己的车驾改为皂盖。种种事件使得蔡邕对董卓更生好感。

方正敦厚的蔡邕闻听董卓遇刺，想到过往的种种，出于同情和怜悯而不住叹息。这种叹息只是出于个人的情感，并不是表示蔡邕认为董卓罪不至死。

然而王允此时踌躇满志、傲气正盛——失意时不能容己，得意时不能容人。王允听闻蔡邕为董卓叹息，他的政治洁癖一下子使自己失去理智，将蔡邕收监，并最终使其死于狱中。蔡邕的死讯传出，天下士人莫不为之流涕。

蔡邕一死，这下子坏了。

董卓、王允、蔡邕，骨埋何地，头在何方

蔡邕死后，士人哭哭鼻子倒是没有什么大不了的，毕竟他们手中没有枪杆子。然而王允忘了，自己只是靠策反吕布发动政变除掉了董卓；而董卓手下的凉州军团虽然暂时群龙无首，可是实力毫发未损。他们正于惊恐中观察朝廷对董卓余党的态度。

蔡邕作为士人集团的成员，只是为董卓叹息一声，竟然要入狱致死。至于那些跟随董卓多年、作恶多端的凉州武人会受到何种处置，也就不言而喻了。左右是死，谁会坐以待毙？于是凉州军团在董卓手下大将李傕、郭汜的带领下，疯狂地杀奔长安，拼死一搏。长安城周边本身就都是董卓的人马，李傕、郭汜一边进军，一边收揽散兵，叛军逐渐达到十余万人。而王允、吕布又能拿出几人应战？几个回合下来，李傕、郭汜已经杀到长安城下。

汉长安城宣平门遗址

十日后，城破。吕布凭借盖世的武功杀出一条血路，逃奔中原。王允带着献帝上宣平门避兵。李傕、郭汜围困宣平门，与城门上的天子对峙。乱兵强烈要求汉献帝交出王允，为董卓复仇。王允为救天子，只得下城慷慨赴难。此事在《三国演义》中，被描写为王允从宣平门上纵身跳下，更显悲壮。

宣平门是汉长安城东城墙最北侧的城门。根据五行学说，东方属木，木色为青，故宣平门又称青门。西汉时王师出征归来，要从此门进入京师，取宣告平定之意。其意义类似于明清北京的永定门。谁料一座"宣告平定"的凯旋门却成了天子与叛军对峙的地方。

1957 年，考古部门曾对宣平门进行发掘，发现此门之上建有门

在宣平门遗址不远处新复建的宣平门

楼。这座门楼应该就是汉献帝与王允避兵之处。门楼下有三个门道，各宽约8米，相邻门道间距约为4米。这样算来整个宣平门的宽度有30余米。现在的宣平门遗址已成了荒草丛生的土丘，令人辨别不出它曾经的模样。

大约在王允殉国百年后，在宣平门外南侧，西域僧人修建了一座敦煌寺。这是长安城最早的寺院之一，寺内有一座七级浮屠，以青石青砖砌成。这座塔曾屡次毁于兵火，经多次重修有幸留存至今，成为宣平门遗址的标志。如今古塔与

宣平门遗址的标志：敦煌寺塔

远方的高楼交相辉映，就像历史与现实在此交织。

王允死后被陈尸于市。短短数旬，董卓与王允先后躺在了长安城繁华的大街之上，而看客仍是同一群人。王允的尸体不知所终，想必在李傕、郭汜的统治下，不会被妥善地安葬。而在今天的华夏大地上，却有两座王允墓。

其一位于山西省祁县城赵镇修善村西口。王允本为太原郡祁县人。王允被害后，其长子王盖、次子王景及宗族里的十余人皆遭诛杀，但其侄子王晨、王凌得脱逃，归乡里。另外，《后汉书·王允传》记载："（汉献帝）后迁都于许，帝思允忠节，使改殡葬之。遣虎

祁县王允墓

许昌王允墓

贲中郎将奉策吊祭，赐东园秘器，赠以本官印绶送还本郡。"很可能是这支侥幸得活的王氏后裔奉汉献帝旨意在家乡改葬王允，于是祁县有了王允墓。

其二位于河南省许昌市魏都区丁庄办事处洪山庙社区李庄村东，清潩河的西岸，据传是汉献帝定都许都后为纪念王允所建的衣冠冢。然而汉代的许都并不在今日的许昌城区，所以汉献帝恐怕不会在此处建一座纪念冢。经文物部门鉴定，此墓确实为汉代墓葬，被称作堰口汉墓。如今此墓有一半沦于清潩河河道之中。清朝的蒲松龄在《聊斋志异》中记录了一则志怪故事，提到许昌城外清潩河中有曹操冢。王允、曹操这两位生前曾在传说中合作刺杀董卓的人，死后又在传说中做了邻居。

至于屈死狱中的蔡邕，也有多座疑似墓葬传世，据我所知大概有五座：其一在江苏省常州市武进区，该墓现已不存；其二在河南省禹州市的逍遥岭上。另外三座皆在开封，分别在陈留镇、杞县和尉氏县。

唐代温庭筠曾作《蔡中郎坟》："古坟零落野花春，闻说中郎有后身。今日爱才非昔日，莫抛心力作词人。"我们已经不能知道温庭筠经过的是哪一座蔡中郎坟了。据笔者分析，这五座墓葬中恐怕很难有蔡邕的真墓。但位于尉氏县蔡庄镇大朱村的蔡中郎墓，遗存最多，最值得一观。在这五座墓葬中，也只有蔡庄镇的这座附近有蔡氏后裔聚集，并有蔡氏祠堂。清康熙年间《开封府志》有"汉蔡邕宅并其先世之墓皆在此"的记载。

这座墓葬在大朱村的中心地带，周围皆为倾颓的农舍。1997 年11 月，有关部门曾在此进行勘测，确定其为一处汉代墓葬。在墓葬周围，有几位村民正在晒太阳。我上前和他们攀谈。他们言之凿凿这里就是蔡邕墓，并说大朱村皆为朱姓人家，其祖先就是蔡邕的守墓人，为守此墓迁居此地已有一千八百多年了。

我辞别了村民，转身离去。然而他们对于蔡邕的讨论并未结束。随着我的脚步渐远，他们的声音渐低。我突然想到宋代陆游在一个叫作赵家庄的小村子见到的一幕：

> 斜阳古柳赵家庄，
> 负鼓盲翁正作场。
> 死后是非谁管得，
> 满村听说蔡中郎。

李傕、郭汜当政后，凉州武人将董卓还未燃尽的一些残骸收起来，葬于郿地。但刚下葬不久，突然狂风大作，天降暴雨，冲毁了墓葬，棺椁随着洪水漂了起来，董卓那零散的残骸自然不复存在了。尸身虽未保存下来，但民间有个传说，吕布闯出重围逃走时，带走了董卓的头颅。吕布将董卓之首悬于马颈之下，东出潼关投奔袁术。行至巩义，吕布将头颅随手掷下，当地人就地将其掩埋，成了董陵。

在今天的河南省巩义市大峪沟镇，群山环抱之中有一座董陵村，据传就是董卓葬首之处。

此传说疑点颇多。首先，当时袁术屯兵南阳，吕布去投，并没有必要经过巩义。其次，董卓之首是最好的见面礼，袁术得之必喜，吕布怎会随手掷下？再次，即使当地有人认得董卓，并愿意为其埋首，以董卓当时人人喊打的处境，也只能秘密掩埋，不会为他做如此大的封土，更不可能称之为"陵"。

怀着如此多的疑问，我来到董陵村打探。该村地处伏山、东侯山、西侯山三山之间。在西侯山下有一座墓冢，周长约有 40 米，其斗形封土为西汉贵族墓葬所常用，在东汉并不多见。这里真的埋葬着董卓的首级吗？

当地人只知道墓中所埋的是一个董姓丞相，也并不肯定他就是董卓。他们把我带到一通名为董陵的碑前，让我自己观看。据碑文记载，是因为西汉景帝时，有董姓丞相葬于此地，后世才将此地称为董陵。

虽然董陵与董卓毫无关系，虽然人们一直也没有考证出这位董姓丞相究竟是谁，我却没有丝毫的失望。那个祸国殃民的军阀果然死无葬身之地，我心中反而清爽了许多。

无论如何，董卓已经退出了赌局，而关东诸侯的骰子还在盒子里跳跃，哗啦哗啦地响着。

巩义市大峪沟镇董陵村，传为董卓葬首之处

六群雄并起

白马将军公孙瓒，一只火中取栗的猫

2018 年的冬天格外寒冷，母亲从菜市场买了一包"迁安板栗"，对我说："趁热吃吧。"我接过来，见牛皮纸包装上有一条友情提示：栗子热着吃口味更佳，刚出炉的热栗子请勿直接入口，以免烫伤。

"迁安""板栗""烫伤"，我凝视着这几个关键词，总感觉它们之间有一种莫名的联系。到底是什么联系呢？

"板栗""烫伤"，很容易让人联想到"火中取栗"。17 世纪法国作家拉封丹有一首名叫《猴子与猫》的寓言诗，大意是一只猴子想吃火中的栗子，但自己不敢去取，于是骗猫去取。猫上了当，虽然取出来了栗子，却把爪上的毛都烧掉了。正当猫捧着前爪喊疼的时候，猴子却把取出来的栗子吃掉了。

那"火中取栗"又和"迁安"有什么联系呢？想着想着我笑了。对呀，有个迁安人也做过那只傻猫。

这个人就是公孙瓒。

董卓归西后，关东诸侯作鸟兽散，不久便起了内讧，先是兖州刺史刘岱杀死东郡太守桥瑁，后是渤海太守袁绍准备抢夺韩馥所盘踞的冀州。

冀州牧韩馥为人懦弱，仅凭清望被任命为冀州牧。关东诸侯起兵之初，他便犹豫不决，问属下："今当助袁氏邪，助董氏邪？"然而冀州却是号称"谷支十年"的膏腴之地，怎能不让胸有大志的袁绍垂涎。韩馥对袁绍之志，也并非丝毫不备。在诸侯会盟之时，韩馥坐镇冀州，负责筹备军粮。他常减发军粮，希望袁绍军心动摇。袁绍颇为不满，更加坚定了取而代之的决心。

袁绍的谋士逢纪为袁绍献策：借助公孙瓒的势力迫使韩馥让出冀州。公孙瓒虽然当时受幽州牧刘虞节度，然而他兵强马壮，并不听命于刘虞。公孙瓒当时正在青州围剿黄巾军。于是，袁绍秘密请公孙瓒出兵，与自己夹攻韩馥，相约事成之后平分冀州。

公孙瓒起兵后，袁绍又派人向韩馥献计，让韩馥请自己派兵抵抗公孙瓒，继而又劝说韩馥将冀州让与自己。韩馥是颍川郡人，他手下的谋士亦多为颍川郡人，如荀谌、辛评、郭图等。这些人见韩馥不能立足于乱世，急于换主，而袁绍的籍贯汝南与颍川临近，两地文化认同感强，对他们来讲，既然韩馥扶不起来，袁绍入主冀州也是可以接受的。于是他们也怂恿韩馥迎请袁绍。韩馥眼见公孙瓒大兵压境，束手无策，只得将冀州拱手让与袁绍。袁绍就这样轻而易举地进入了冀州治所邺城。

汉魏邺城位于今天的河北省邯郸市临漳县邺城遗址。邺城是三国历史上的名城、袁绍统治集团的核心，也是曹操所建立的魏王国

邺城遗址

邺城考古发掘现场

的国都所在地。在将近四百年的乱世中，邺城一直处于北方中心城市的地位，并数次成为都城。它的建造格局影响了其后将近两千年中国城市的建设。关于邺城后文还要集中详细介绍，在这里暂不多讲。

话说公孙瓒空费了一番周折，听说袁绍已经据有冀州，才恍然大悟，原来自己被袁绍利用了。他怒火攻心，索性将矛头由韩馥转向袁绍，前去与之争夺冀州。

双方在界桥相遇，汉末割据诸侯为争夺地盘而进行的第一场大战就此爆发，史称界桥之战。若单论战前兵力，此战明显不利于袁绍。公孙瓒所部四万人马（三万步兵、一万骑兵）都是跟随他屡经恶战的幽燕精锐，其中还有一支在中国历史上很有名的特种部队：白马义从。这支部队的将士一律骑白马，皆为善射之士。

反观袁绍所率领的数万人马则是新近收编的冀州部队，军心并不稳定。其前锋是降将麹义所率领的八百人马。

然而白马义从过于自信，肆无忌惮地冲锋。偏偏麹义是凉州兵出身，对付骑兵很有一套。他的部队善于用弩，正是骑兵的克星。麹义看准时机，霎时间弩矢如雨。白马义从猝不及防，损失惨重。

当头一棒严重贬损了公孙瓒之军的士气，不过他们仍有擒杀袁绍的机会。当时袁绍仅带着卫士百余人在离战场几千米外的地方指挥。听说先锋获胜，袁绍有些懈怠，下马解鞍，席地休息。不想公孙瓒的一支两千余人的骑兵突然杀到，袁绍陷入重围。谋士田丰劝袁绍赶紧到墙下躲避，袁绍将头盔狠狠掷地，道："大丈夫当前斗死，而反逃垣墙间邪？"幸亏公孙瓒军中并无人认识袁绍，没有对这一小股部队赶尽杀绝，袁绍因此逃过一劫。

公孙瓒性如烈火，但做事并无常性。纵观他的一生，总是东一头西一头横冲直撞，看似风风火火，却大都虎头蛇尾，界桥之战也是如此。公孙瓒见袁绍并非像想象中那么好对付，冀州在短时间内难以拿下，便旋风般撤军了。

界桥之战的古战场在今天的河北省邢台市威县大葛寨村以南的老沙河两岸。界桥就是东汉时期河上的一座浮桥。目前这里有一座水泥桥，桥头竖立着"危桥！禁止通行"的警示牌。根据桥头的标注，这座桥建于 1977 年。只过了不到五十年的时间，一座水泥桥就已废弃，何况是一千八百年前的那座浮桥。这座水泥桥向南五百米左右的地方，据说就是东汉时期的界桥遗址，如今已经没有了痕迹。这座桥向北大约一千米，就是邢临高速大桥，桥上隐约可见车辆疾驰。站在危桥旁，南顾是历史，北盼是现实，一千八百年的风云就这样嗖地擦肩而过。

界桥之战从结果来看很难说袁绍取得了多大的战绩，但从保卫冀州的层面来看，他确实获得了胜利。此战使袁绍在冀州站稳了脚跟，有了一块稳定而富庶的根据地。而公孙瓒失利后，与袁绍结下了死仇。此后数年内，双方仍争战不断，但公孙瓒始终无法占据冀州，袁绍也无法消灭公孙瓒。

界桥之战古战场遗址（1）

界桥之战古战场遗址（2）

赵云，常山真定人也，果真如此吗

在《三国演义》中，公孙瓒帐下有一位英雄人物于界桥之战中首次登场，他就是常胜将军赵云赵子龙——后世影响力仅次于关羽的三国武将。

《三国志·赵云传》开篇第一句："赵云，字子龙，常山真定人也。"中国古代有很严格的避讳制度，而"常山真定"，是这种避讳制度的一个典型例证。常山郡原名恒山郡，因汉文帝名刘恒，为避其讳故而改称常山郡。真定现名正定，雍正年间因皇帝名胤禛，为避其讳故而改称正定。正定与保定、北京合称北方三雄镇，为历代兵家的攻守要地。

正定城内有座赵云庙，原为清代建筑，于1996年重修。该庙主殿为顺平侯殿，供奉赵云及其长子赵统、次子赵广。此庙与海内外其他蜀汉君臣纪念庙宇不同的是，庙中有一座四义殿，里面供奉刘备、关羽、张飞、赵云。这显然是受民间传说影响，将赵云续在刘、关、张之后，纳入了桃园结义的系统。

这个说法即使在《三国演义》中也未被认可。如《三国演义》中赵云截江救阿斗时，孙夫人就认为赵云只是刘备帐下一将，无权干预刘备家事。对此赵云也是无可奈何。而张飞赶到，因他与刘备是兄弟，属于一家人，他就有权做主将阿斗抱回荆州。这明显说明赵云的地位和关羽、张飞是不可同日而语的。

那么为什么又有了"后续四弟"的说法呢？这也是明清人异姓结义的需要使然。当人们结义之后，有可能还会发现适合结义的人，于是就以"后续"的方式，将此人纳入结义兄弟的名单。

赵云庙虽坐落于今日正定城中，但在赵云生活的年代，真定城并不是现在的正定县城，而是石家庄东北的东古城。这座古城原是战国时期赵国的东垣城，公元前196年，刘邦率军在此作战，将东垣更名为真定，取"真正平定"之义。东垣城不仅是赵云的真正故里，而且也是石家庄市的历史源头。

对于赵云是常山真定人这一点，《三国志》言之凿凿，似乎并无异议。然而近年来，邢台市临城县

赵云庙

却大肆宣传赵云故里在临城。他们的理由是临城有一通清光绪时期的汉顺平侯赵云故里碑，加之 2009 年"临城赵云故里传说"获批省级非物质文化遗产，使临城对争抢赵云故里有了信心。2010 年，临城对外宣布，要斥巨资打造占地 20 万平方米的赵云文化主题公园。

据临城的传说，赵云故里在临城县临城镇澄底村。我到这一带与村民访谈收获颇多。据说澄底村以东的射兽村原名叫十姓庄，始建于战国时期，后因赵云年少时常常在这一带骑射打猎，多有斩获，故更名为射兽村。这是一个因赵云箭法出众而衍生出来的传说。

在澄底村以西大约 1.3 千米处，有一条西岭沟，当地人传说赵云墓就在那里。我顺着人们的指点，沿西岭沟西侧向北寻觅，翻过

临城射兽村

临城澄底村赵云墓

　　两道山梁，在空荡寂静的山间寻找许久，也没有任何发现。幸好遇到一位拾柴的老者，他带我到了沟边的一座土丘旁，告诉我这就是赵云墓。我仔细辨认才发现这里果然是墓葬封土。封土上野草荆棘密布，早已和山体融为一处。

　　面对一片野草荆棘，我颇有感触。一块光绪年间的石碑不过百十年历史，根本说明不了这里就是赵云故里，只能证明这里有赵云故里的传说而已；而"赵云故里传说"入选省级非物质文化遗产，同样也说明不了这里就是赵云故里，只能证明"赵云故里传说"具有一定的民俗文化价值而已。我眼前这座古墓当然也不会是赵云的真身墓——赵云的真身墓在四川省成都市大邑县，以后我还要详细介绍。但这座墓作为"赵云故里传说"的物质载体，而且它确实是一座古墓，所以无论如何都应得到修缮保护。看来当地对"赵云故里传说"的文化并不感兴趣——他们感兴趣的只是文化园。

裴注《三国志》引《云别传》载："云身长八尺，姿颜雄伟。"赵云出众的相貌和盖世的武功使他很快受到郡中人的注意，"为本郡所举"。之后，他带领本郡人马投奔公孙瓒。常山郡故城位于河北省石家庄市元氏县殷村镇故城村以南。该城始建于战国时期的赵孝成王十一年，即公元前255年。古城呈正方形，边长约1.2千米，如今尚存南城墙和东西城墙的残迹，北城墙因历代建村而毁。古城中遗迹颇多，至今保存着主要的排水河道：金水河。这座古城是汉代的一个中心城市，一直沿用到唐朝初年，在被刘黑闼起义军攻破后遭废弃。赵云就是在这座古城中应招从军，代表常山郡出征的。从此，纵横天下、威震敌胆的"常山赵子龙"成为象征中国古代常胜将军的文化符号。

当时冀州人多投奔袁绍，公孙瓒问赵云为何来投奔自己。赵云答道：

天下讻讻，未知孰是，民有倒县之厄，鄙州论议，从仁政所在，不为忽袁公私明将军也。——裴注《三国志》引《云别传》

赵云此话并非恭维公孙瓒，"从仁政所在"是赵云鲜明而坚定的政治主张，也是赵云高出同时期武将之处。

赵云投奔公孙瓒，投错了人，也投对了人。公孙瓒不是"仁政所在"，但赵云在公孙瓒处遇到了有助于其践行此主张的人：刘备。

在诸侯讨董卓之后，刘备带领关羽、张飞投奔了风头正劲的老同学公孙瓒。公孙瓒表请刘备为别部司马。这是一个秩一千石的中层武职，有带兵之权。公孙瓒将新投奔自己的赵云划拨到刘备帐下，并命令刘备、关羽、张飞、赵云带领所部人马到青州配合青州刺史田楷与袁绍的部队作战。在战争生活中，四个人建立了深厚的感情。赵云很快观察到，公孙瓒有诸多性格缺陷，暂时的风光只是一时的冲劲使然，却很难在乱世中真正立足。刘备虽然沉沦下僚、实力微弱，却忠义、隐忍、果敢、坚强，具备了乱世英主的诸多优势，将来必是成大事者。而刘备素善于相人，赵云这样不世出的英才又怎会漏过他的法眼。于是二人越走越近，虽表面上他们同属公孙瓒麾下，暗中却已有了主臣之谊。

不久后赵云兄长去世，他辞别公孙瓒和刘备回乡奔丧。刘备与赵云"捉手而别"。赵云承诺"终不背德也"。

赵云奔丧，发生的正是时候。试想若此时赵云跟随刘备，刘备不免有挖公孙瓒墙角之嫌，赵云也要背上背主之名。他们二人正好需要这样一段缓冲期。

送走了赵云，刘备继续投入青州之战中。此时公孙瓒任命田楷为青州刺史，袁绍则以其子袁谭为青州刺史，双方打得难解难分，异常艰苦，史载："士卒疲困，粮食并尽，互掠百姓，野无青草。"

战争是英雄建功立业的舞台，但他们的靴子永远踏在百姓的枯骨之上。可世道已乱，若想重新恢复秩序，又非打仗不可。这种矛盾往往使读史者心中纠结不已。

刘备在青州争夺战中为公孙瓒立下赫赫战功。公孙瓒提拔他"试守平原令，后领平原相"。一会儿"平原令"，一会儿"平原相"，弄得人一头雾水。古代官制是学习历史时最令人头疼的一部分，然而若能弄懂学通，很多问题就可迎刃而解。东汉延平元年（106），汉和帝长子刘胜被封为平原王，平原王国国都所在地为平原县。

平原县的县令为平原令，平原王国的国相为平原相。因为平原

常山郡故城遗址

王国的国王本身并无行政权力，故平原相就是王国的行政主官，在郡国并行制中与郡太守同级，秩两千石。刘备终于从县级官吏升级成郡级高官了。

平原故城在山东省德州市平原县以南的王庙镇张官店村。这里在战国时就已聚集乡邑，秦始皇将其升格为县。如今这里坑塘遍布，有江北水上第一古村落之称。

刘备主政平原时，颇有一番作为。当时盗寇横行，人民饥馑，刘备外御寇难，内丰财施，使混乱的秩序渐渐得到恢复。刘备更能礼贤下士，与属下同席而坐，同簋而食，以至于颂声远播，多有归附者。

正在此时，刘备收到了一封求救信，写信者是当时的大名士：北海相孔融。

刘备救孔融，枭雄与名士的乱世相逢

孔融字文举，是孔子的二十世孙。自汉武帝"罢黜百家、独尊儒术"之后，孔家便成为天下第一家，政坛不倒翁，历两千余年至民国时期还活跃在政坛之上。但孔家崇尚学术，不慕事务，这也使得孔家的名人多为文化名人，而鲜有政绩突出者。当然此事要辩证地看待，尽量少地参与实际政治也是孔家屹立政坛两千余年不倒的原因之一。

孔融是孔家两千余年来唯一一个投身乱世政坛、主政一方的人物，即使如此，他与同时代的诸侯军阀相比还是显得过于文弱。理解孔家的家风、孔家人的性格，对于了解孔融在汉末乱世的行为与成就有一定的作用。

孔融幼承家学，尤其精于《春秋》。孔融年幼时曾随父亲孔宙在京师洛阳游学，此间发生过一些人们耳熟能详的趣事，让人们感

营陵故城遗址

觉孔融似乎是一个机敏灵活之人。但那些趣事讲的都是他同饱学鸿儒的交锋——在那些"书呆子"眼里，孔融未免过于油滑；然而在乱世枭雄、军阀匪寇的眼里，孔融就敦厚诚实得有些过分了。

孔融沉迷学业，入仕较晚，二十八岁时才受司徒杨赐征招，入司徒府任职，董卓进洛阳后，孔融对其多次讽劝。董卓非常不满，但碍于孔融的家世，又不好发作，于是将其贬出京城，出任北海相。

公元前148年，汉景帝设立北海郡，郡治所在地在营陵，即今天的潍坊市昌乐县营丘镇营丘村。到了公元52年，刘秀将自己的侄子刘兴封于北海，建立了北海王国。著名的强项令董宣就在这一时期做过北海王国的国相。北海王国的管辖范围大体是今天的潍坊市及淄博、青岛的部分县市。其国都剧县的具体位置目前尚无定论，大概在潍坊市的寿光、昌乐一带——这里汉代古城遗址密布，具体哪座古城是剧县众说纷纭。不过，在寿光市以南15千米的纪台镇有春秋时期古纪国故城遗址，这里是东汉剧县遗址的可能性比较大。

在上古文字中，"纪""箕""簸""劇"等字音、形、义相似，互为假借。古纪国灭亡后，纪国国都成为齐国城邑，改称"劇"。《水经注》曰："巨洋水又东北迳剧县故城西，古纪国也。"《寿光县志》载："剧有纪亭，古纪国也。"

纪国故城规模较大，城墙东西长 1.5 千米，南北长 1.2 千米。古城的东北角被压在青银高速公路的寿光立交桥之下。在古城以东——今天的纪台一中院内，有一座纪王台，据说是春秋时期纪国的宫殿遗址。

在东汉末年，北海可不是什么好地方。《后汉书·孔融传》载："时黄巾寇数州，而北海最为贼冲。"那里是黄巾之乱的重灾区，而孔融一介文弱书生，到那里任最高行政长官无异于送死。这正是董卓的打算，他乐得孔融送死，即便孔融没有死，他也会以讨伐黄巾军不力之名惩办其罪。果然，孔融到任后与黄巾军数次交手，屡战屡败。不过此时关东诸侯并起，董卓已经自顾不暇，无力治孔融的罪了。

笔者藏汉画像石拓片，描绘了汉代授徒讲学的场面

孔融在北海相之任上
不改名士本色，兴修学校、
奖励儒学、举荐贤达……
样样在行。在北海高密县，
有一位当时的名儒郑玄，
是汉代经学的集大成者。
他一生为大量儒家经典作
注，打通古今经学，著述
字数达百余万——这放在

"大贤郑玄"牌匾

今天不算什么，但在那个需要将文字写在竹简上的年代，绝对是天
文数字，更何况这些文字还是满满的干货。

孔融敬慕其道德及文采，亲自登门拜访，并将郑玄所在的乡邑
称为郑公乡；还将郑玄住宅的大门加宽加高，称之为"通德门"。
在今天的山东省高密市双羊镇后店村有一座郑公祠，据传此处便是
郑玄故宅。祠内有一棵枯死的柏树，据传是郑玄当年手植的。郑公
祠后便是郑玄墓，墓碑为清乾隆十四年（1749）所立。在草丛间，
安放着莫言所题"大贤郑玄"牌匾。郑玄与莫言是高密一古一今两
位名流，乡人愿意看到他们的名字出现在一起。

孔融在任上的所作所为可以说都是教化善绩。他或许是"治世
之能臣"，但绝不是"乱世之英雄"。当时天下大乱，北海又是动
乱的重灾区，作为一方牧守，孔融即使不能重整乱世，至少也要尽
量做到保境安民，而他的这些文化政绩在当时来看是那样不合时宜。
就拿礼重郑玄来讲，在孔融的治下，北海已经放不下一张安静的书
桌了，为郑玄修建高大的门楼又有什么用呢？结果郑玄在高密实在
待不下去，到徐州避乱去了。郑玄走后，孔融还时常派人去修缮、

郑公祠及郑玄手植柏

打扫郑玄的住宅，希望有一天他能回乡——然而不能把北海打扫干净，光打扫他的住宅又有什么用呢？

在郑公祠两侧的围墙上，有介绍郑玄事迹的壁画。其中有一幅讲的是"郑玄退黄巾"的故事——郑玄在路上遇到一伙黄巾军，他们听说车中安坐的是大儒郑玄，纷纷跪拜于地，并发誓绝不侵扰高密县境。在《后汉书·郑玄传》中也有类似的记载，这显然高估了文化的力量和郑玄的影响力。若真如此，有孔融与郑玄两位名士坐镇北海，必然郡境安宁。而事实又是怎样的呢？

孔融对黄巾军作战败绩连连，不得已退到朱虚。不久，朱虚也待不下去了，孔融又败到都昌。孔融的软弱使黄巾军尝到了甜头，他们步步紧逼。很快以管亥为首的一支黄巾军追击孔融到了都昌。

在都昌还没有完全被包围的时候，城外闯进一人，自称"东莱之鄙人"太史慈。太史慈是东莱黄县人。黄县位于今天的烟台龙口市石良镇黄城集村，这里虽然是东莱的郡治，但从整个汉朝国土来讲，已经是非常偏远的地区了。

太史慈年轻时便习得一身好本领，尤其善射，是东莱有名的勇士。正因如此，他卷入了一场青州刺史与东莱郡太守之间的矛盾纠纷——他受郡太守指使，劫毁了州刺史送往洛阳的公文。太史慈恐被州刺史报复，避难于辽东。

辽东半岛在陆路上和山东半岛相距甚远，但是两地自古就属于同一个文化圈，即使在今天，辽宁大连一带的口音与山东烟台、威海一带的口音还很相似。两地的文化联系是通过海路进行的——两大半岛之间穿越渤海的航线早在秦汉之前就已开通。所以太史慈闯祸后，第一选择便是泛舟前往辽东。

太史慈逃亡后，家中留下一老母。孔融听说隔壁郡有太史慈这样一位勇士，啧啧称奇，经常遣人照料他母亲。

天下大乱后，太史慈所犯的这种案子早就无人过问了，他方才返乡。太史慈的母亲对他诉说了孔融的恩德，她听说孔融在都昌被围，便遣太史慈前去救援。

太史慈单人步行闯入都昌，但以他一人之力，无论如何也难解都昌之围。太史慈请求孔融让自己去搬救兵，而此时孔融又上来了名士脾气，宁可自己硬扛，也绝不肯求人。战场风云瞬息万变，黄巾军越聚越多，几日之后，已将都昌围得水泄不通。

都昌故城在今天的潍坊昌邑市昌邑实验中学一带。这座古城因与今时的城址重叠，于地表之上几乎没有了痕迹。据考古勘测，古城东西长300余米，南北长400余米。面积不到纪国故城的十分之一。这样一座弹丸小城，旦夕间就会被黄巾军攻破。此时的孔融才感到情况的危急，准备向平原相刘备求救。

都昌故城离平原故城直线距离达260千米，中间隔着多个郡国，

荒草中的纪国故城遗址文保碑

孔融与刘备素无交往，他为何求救于刘备？这至少有两种可能：第一，刘备通过几年的征战，打出了名声，积累了人望，再也不是以前的无名之辈；第二，孔融周边一两百千米内，实在没有可以抗衡黄巾军的力量。

如今先不要说怎么会求救于刘备了，先说怎么能闯出重围吧。

孔融贻误战机，黄巾军已对都昌形成合围。怎么才能出去？孔融是没有办法的，毕竟儒家经典里面没写，所以办法还要太史慈自己想。

太史慈每天都打开城门单人独骑到黄巾军阵前遛上一圈。开始黄巾军很紧张，后来习以为常，慢慢放松了警惕。就在此时，太史慈突然冲破重围，杀了出去。黄巾军醒悟后再去追赶，太史慈回身接连射出几箭，无不有人应弦而倒，其他人便不敢再追了。

就这样，太史慈一路快马加鞭到了平原，面见刘备说明来意。史载：

备敛容答曰："孔北海知世间有刘备耶？"

这句话意味深长。平原与北海皆属青州，北海相怎能不知平原相？刘备所言之意不在于"知道"而在于"重视"。

在《三国演义》中，似乎人人都将刘备看作汉室宗亲。在真实历史中，刘备的汉室宗亲这一光环实在太过暗淡了，他与东汉皇室的血缘实在太过玄远了，像他这样的汉室宗亲多得可车载斗量。刘备在现实中只是一个织席贩履的平民，即便他的祖父做过县令，他也不过是一个破落的庶族地主。像这样的出身，在当时的社会，若想出头谈何容易。刘备能当上平原相，已经是得益于乱世中政治秩序重新洗牌了。

而孔融是天下名士、意见领袖。这样的人居然屈尊折节，求救于自己，这对于刘备而言是无言的"品藻"、最大的认可，其舆论带动作用是不言而喻的。从此刘备将成为一个急危救难的典型，在天下人心目中的地位陡然而增。所以刘备才会"敛容"——他看待这件事情是非常严肃认真的。

刘备马上点队出征，赴北海救难。管亥所率黄巾军听说援兵来救，遂解围而去。刘备与管亥并未交手，至于"关羽阵斩管亥"的故事也并不存在。

北海之围解后，孔融很感激太史慈，对他说："卿吾之少友也。"然而也仅限于此。事毕，太史慈便还家了。这样一员大将放在眼前，孔融居然轻易地与他擦肩而过，没有丝毫挽留的举动。

这就是名士，能识人却不能用人。

从此孔融与太史慈再无交集。太史慈南下渡江，开创了自己的事业。而孔融处处碰壁，焦头烂额，最后不得已弃郡而走，先是避乱于徐州，后回朝廷任职，失去了裂土分茅的机会。

这就是名士，注定不适合乱世。

七

逐鹿中原

我们再说说董卓之乱后曹操的发展。

曹操虽然是一路诸侯且是关东诸侯首义之人，然而酸枣会盟时曹操不是某地的令守，没有自己的地盘。袁绍封他做代理奋武将军，但此官职并未得到汉献帝的承认，严格地说，并不算数。

酸枣会盟后董卓挟持汉献帝西迁，关东诸侯日日置酒高歌，不思西进。曹操看在眼里急在心上，数次劝说诸侯，怎奈人微言轻。最后曹操索性自行引兵向西追击董卓。诸侯中只有济北相鲍信认可曹操也崇敬曹操。他对曹操说："夫略不世出，能总英雄以拨乱反正者，君也。"遂率本部随曹操西征。二人引兵到达荥阳与为董卓殿后的徐荣相遇。

荥阳故城遗址在河南省郑州市惠济区古荥镇，如今仍残留着高大坚固的城墙。在西城墙外，有一处汉代冶铁遗址，在规模宏大的炼铁作坊中，曾出土一块炉底积铁，重达 23 吨，彰显了荥阳作为汉代国家冶铁中心的地位。荥阳以东有古运河鸿沟和古湖泊荥泽，曾经，黄河、济水都流经此地，使这里成为中国东西南北交通的交叉路口。荥阳东北还有重要的国家粮食仓储中心敖仓。

这样的地理位置徐荣怎会轻易放弃？这样的地理位置曹操也势在必得。

荥阳故城城墙遗址

　　两军交锋，展开一场恶战——终究徐荣兵力强悍，更胜一筹，而曹操的战马被乱箭射死，他本人也被流矢射中。关键时刻，曹洪对曹操说："天下可无洪，不可无君。"将坐骑让与他，曹操才侥幸逃出。此战中鲍信也受了伤，他的弟弟鲍韬阵亡。

　　曹操逃走后，成了光杆司令，他回到家乡募兵，并到扬州刺史陈温、丹阳太守周昕处借兵。但南方士卒不愿来中原作战，多有叛逃者。曹操再到临涣等地募兵，几经拼凑，又有了大约三千人马。

　　曹操初次举起义旗的己吾县故城已没有了踪迹，被封在了历史的尘埃中。但曹操第二次回乡募兵的临涣古城却有幸被保存了下来。

　　临涣古城位于安徽省淮北市濉溪县临涣镇。这座古城在古代被称为铚城，它南邻浍河，始筑于战国，是中国修筑时代最早、体量最大、保存最完好的古城址之一，也是全国重点文物保护单位。

　　有一个很奇怪的现象：铚城的历史大事件总与反抗分不开，这里似乎天生是反抗者的摇篮、反抗者的舞台。中国第一场农民战争就在此处上演。陈胜吴广起义后，沿浍河直取铚城，这里成为起义军攻占的第一座县城，从此星火渐成燎原之势。曹操反抗董卓暴政，

荥阳汉代冶铁遗址炼铁作坊中的炉底积铁　　　　临涣古城城墙遗址

在铚城一带招募兵士千余人，这支队伍成为他最原始的军事力量。铚城在此后又成为曹军屯粮练兵的后方基地。南朝陈庆之以数千之众自此北伐，连陷北魏 32 城，直打到洛阳城下。金末张若愚在此抵御蒙古铁骑，城破后自刎殉国。1948 年 11 月，解放战争中最大的一场决战：淮海战役打响，淮海战役总前委进驻临涣，这座古城又迎来辉煌时刻，成为参战解放军的总指挥部。

在古城内的文昌宫里，至今还保存着刘伯承、陈毅、邓小平等人当年的住处。这里有两处地方吸引了我，其一是邓小平寝室外的"邓小平洗冷水浴处"——要知道总前委进驻这里的时间段是在严冬，而我来时正值 12 月，深刻体验了此地此刻的寒冷；其二是陈毅夫妇与警卫战士同住的那个院落里的两间厢房——两门相对，仅有咫尺之遥。

我相信，这二者间存在着胜利之道。

在曹操的家乡亳州，至今仍流传着大量曹操在此地募兵练兵的传说。在亳州市谯城区马场街北侧紧邻涡河的地方，有一条数十米长的古城墙遗址，据当地人说这里是曹操的拦马墙。据说曹操当年在此地训练骑兵，战马经常冲入涡河，于是曹操便砌

邓小平洗冷水浴处

了墙来拦马。

我仔细观察拦马墙，这是一道青砖城墙。

砖的制作难度并不大，原始社会的人们已可以制作各种陶制器皿，按理说想要制作砖完全没有技术瓶颈。但是，砖在历史上出现的时间却很晚，目前发现的年代最早的砖是西周晚期的。一直到了汉代，砖都是很奢侈的建筑材料，只用于宫廷地面的铺设、墙壁的装饰，以及贵族墓葬的砌筑。即使到了南北朝时期，也要一匹绢才能换得两百块砖，算下来一块砖值数十文钱。

在汉代，城墙都是用土夯筑的，即使是洛阳、长安，也不可能用砖砌筑城墙。所以这道所谓的拦马墙不会真是曹操留下的。

在亳州古迹中，同曹操有关的最有名者莫过于亳州古地道了。

亳州古地道据说是曹操修建的运兵道。在当地有一传说：曹操在家乡募兵时，力量微弱，为了能给乡民以信心，他便在谯县城内挖掘地道，直通城外，让自己仅有的一些士兵大摇大摆地从城门进城，然后通过地道潜出城外，再次入城，造成一种兵多将广的假象。于是曹操的家乡人对他有了信心，纷纷入伍跟随于他。我听到这个故事觉得非常惊奇，倒不是惊奇于曹操的奇思妙想，而是惊奇于这个故事在三国历史中确实有原型，但这样做的人不是曹操，而恰恰是他的对手董卓。裴注《三国志》引《九州春秋》载：

> 卓初入洛阳，步骑不过三千，自嫌兵少，不为远近所服；率四五日，辄夜遣兵出四城门，明日陈旌鼓而入，宣言云"西兵复入至洛中"。人不觉，谓卓兵不可胜数。

亳州人将董卓的事迹移花接木到曹操身上，并且巧妙地解释了

亳州古地道内景

古地道的作用。根据考古发现，古地道中确实有汉代遗物，但与曹操是否有关尚无定论。汉代之后，晋、隋、唐、宋等朝代对其又多有修复和续建，逐渐形成了以城中的大隅首为中心，向东、西、南、北四个方向延伸到四座城门以外的地道网络。地道内部有单行道、平行双道、上下两层道、立体交叉道等多种形式，纵横交错，如迷宫一般。古地道在明代以后被废弃，人们甚至将它遗忘了。明嘉靖四十三年（1564）的《亳州志》居然对古地道只字未提。

直到抗日战争时期，当地市民挖防空洞躲避空袭，一小部分地道才被发现。人们需要对地道的存在做出合理解释，而曹操是亳州历史上最有名的人物，在人们心目中又有着奸诈狡猾的形象，加之当地早已在民间流传"曹操运兵"的故事，地道的所有权自然要被安在他的头上。而曹操也确实善于利用地道作战。在建安三年（198）征张绣时，建安五年（200）与袁绍对峙于官渡时，曹操都曾挖凿地道。就这样，古地道为曹操运兵道的说法应运而生。

1969 年，亳州大规模挖掘防空设施，古地道才正式露出真容，引起了考古部门的注意。亳州古地道是我国迄今发现的历史最早、规模最大的地下军事工程，2001 年被列为第五批全国重点文物保护单位。

我个人认为，不但出土实物不能证明古地道与曹操有联系，而且从逻辑上也不能推论出二者之间有联系。

曹操在谯县募兵、练兵时，没有时间也没有必要修挖地道。曹操在以后的岁月里，更没有必要在谯县修挖地道。况且他的行事风格始终是拓展型而非内敛型，自起兵后，他始终没有将家乡作为重点经营地区，所以即使他是一个地道爱好者，也只可能在许昌、洛阳、邺城修建地道。将亳州的古地道归于曹操，显然是把他同在鄴地筑

亳州古地道（红色）全城走向示意图

坞的董卓、在易地起楼的公孙瓒画上等号了——这等于是对他的一种贬低。

曹操带着这支从家乡拉来的子弟兵屯驻河内，与袁绍商量进军关中之事。然而袁绍当初便不同意董卓立献帝为帝，如今同样不愿解救献帝。他与曹操商议：献帝年幼，又远隔关塞，生死未卜，不如立宗室中的长者、幽州牧刘虞为帝。

曹操深知这不可行，慷慨地说："诸君北面，我自西向。"刘虞在北而献帝在西，曹操此话已表明心迹。从此曹操与袁绍分道扬镳。而袁绍虽欲立刘虞，刘虞却不敢接受，此事也就不了了之了。

离开关东诸侯联军后，曹操开始独立发展，帮助其他郡守清剿黑山军和黄巾军余部。黑山军是独立于黄巾军之外的一股农民起义军，但与黄巾军关系密切，我们可以称之为黄巾军别部。黑山军的首领名叫张燕。《后汉书》载：

> 贼帅常山人张燕，轻勇趫捷，故军中号曰飞燕。善得士卒心，乃与中山、常山、赵郡、上党、河内诸山谷寇贼更相交通，众至百万，号曰黑山贼。

之所以以"黑山"为号，是因为起义军的根据地在太行山脚下的黑山城。汉代的黑山城位于今天河北省邢台市内丘县大孟村镇东青山村。该地在南北朝时改叫青山，唐初曾短暂设置青山县，今称东青山村。我在村中观察，村子依山而建，村外山上的岩石颜色褐青，村内的老房子都是以采自山上的石料修砌而成。望着这些老房子，可以想象当时黑山城依山筑城、以石为墙的景象。这样一座坚固的坞壁，又居高临下，确实易守难攻。黑山军便以此为基地，出没纵横于南太行山诸山谷中。朝廷对他们束手无策，只能多方笼络，封张燕为平难中郎将，让其统领河北诸山谷事宜。但他时叛时降。初平二年（191）秋，黑山军十余万众冲下太行山，攻掠魏郡、东郡。曹操率军解救二郡，将黑山军打回了太行山。

因此功勋，袁绍表奏曹操为东郡太守。在东郡，曹操与陈宫这位将与自己产生颇多恩怨的人物第一次正式相遇了。陈宫是东郡本地人，他性格豪爽耿直，颇有谋略，当时正在东郡官府中任职。曹操做了东郡太守，陈宫自然成了他的属下。

此时传来一个消息，兖州牧刘岱征讨黄巾军时不幸战死——初平三年四月，青州黄巾军数十万众攻入兖州，刘岱欲亲去讨伐。他的属下济北相鲍信极力劝阻，认为黄巾军势众，百姓震恐，官兵无斗志，不可强攻。应先固守，等待战机，据其要害，一击可破。刘岱不听，果然战死。

刘岱一死，兖州出现了权力真空。陈宫建议曹操趁机入主兖州，说："州今无主，而王命断绝，宫请说州中，明府寻往牧之，资之以收天下，此霸王之业也。"并亲自到兖州州治所在地昌邑城游说兖州各官员。陈宫对兖州别驾、治中等官员慷慨陈词："今天下分裂而州无主，曹东郡，命世之才也，若迎以牧州，必宁生民。"曹操本已名满天下，他的军政才能有目共睹，加之有鲍信做内应，所以很顺利地使兖州官吏答应了迎请他做兖州牧。

就在不到两年前，曹操才从兖州治下的陈留郡己吾县以一县之地、瓦合之兵起事，而如今他已是兖州之主。

兖州治所昌邑不是前文提到的都昌故城所在地潍坊昌邑市。兖州昌邑的故城在今天的山东省菏泽市巨野县以南大谢集镇昌邑集村。这里在商周时期就有封国的都邑，西汉时期成为昌邑国都城。

公元前 74 年，汉昭帝驾崩后因无子嗣，权臣霍光等人迎汉武帝的孙子昌邑王刘贺为帝。刘贺在位仅仅二十七天又被废去，史称汉废帝。刘贺被废后仍然回到昌邑为王，在又做了十一年昌邑王后，于公元前 63 年被贬为海昏侯，迁徙到遥远的鄱阳湖西岸。

近年来，因为海昏侯墓中的惊天发现，集汉废帝、昌邑王、海昏侯之名于一身的刘贺成为"网红"历史人物。当那一锭锭黄澄澄

昌邑故城遗址

一个女孩登上昌邑故城西门遗址

的马蹄金呈现在观众面前时，人们感慨海昏侯的富有、海昏国的强盛。然而刘贺仅仅做了四年海昏侯，便在公元前 59 年去世。他的巨额的财富并不是在做海昏侯的时期积累起来的，而多是由昌邑带过去的。我们透过海昏侯墓的发掘，看到的是昌邑的富庶、兖州的富庶。

昌邑是汉代全国重要的制造贸易中心和交通要道。在昌邑城内有从事铁器生产的大型官办冶铁作坊，而得到了冶铁作坊就可以生产战具和农具。

战具保卫农具，农具支撑战具。从此曹操的霸业开始腾飞。

在此后的一千多年里，黄河数次决口，黄汤不断冲击着昌邑故城，直到厚厚的泥沙将其埋没，从此这座繁华都邑只剩下了传说。因城墙夯土与黄河所带来的沙土密度不同，每每在下过雨后，人们可以在地面上隐见到古城的轮廓。这一奇特的现象被称作"昌邑烟雨"，是巨野八景之一。

近 40 年来，文物工作者对昌邑故城进行了多次考古勘探。这座古城城墙周长超过 6 千米，宽度约为 31 米，埋在地表之下的城墙高度在 6 米左右，城墙之外还有宽约 50 米至 80 米的护城河。它在当年是一座多么高大、坚固、雄伟的城池！

曹操到任兖州牧之后，果然不负众望，一举击破青州黄巾军三十万众。曹操收编其中精锐，号为"青州兵"，组成自己武装的核心力量。然而天亦有不遂人愿者，曹操的好友、他忠实的支持者和追随者济北相鲍信，在战斗中阵亡，并且尸骸无存。

曹操对此非常心痛，虽然斯人已经尸首无存，但还是建了衣冠冢将其礼葬。

在山东省济宁市泗水县泗河街道大鲍村以西，有一座被群众称为"鲍王坟"的古墓。据当地传说和《泗水县志》记载，此墓即为鲍信之墓。这座古墓坐落在村街与田野的接合部，其南不远处有一条东西向的乡村土路。这条土路并不起眼，但它年代久远，在汉代就已经存在，是当时的一条驿道。

鲍王坟周边是一片绿意盎然的白菜地，一位农妇正在给白菜浇水。这一派生机盎然的景象更映衬出古墓的苍老。泰山鲍氏是当时当地的望族，鲍王坟一带有可能是鲍氏的家族墓地。1955年，人们曾在鲍王坟周围挖掘过三座古墓，墓中出土了陶器、铁器等东汉末年的文物。1958年，在

鲍王坟文保碑

鲍王坟残破的封土

鲍王坟周边还出土过四只汉晋时期的石兽。而此前，山东地区出土的同一时期的石兽仅有三只。这说明鲍王坟墓葬具有极高的规格。

掩埋了战友的尸体，曹操将自己的大本营移至济阴郡鄄城县，并将主要精力投入对兖州的保全与经营之中。当时各路诸侯和起义军都垂涎兖州，如初平四年（193）春，袁术与黑山军联合攻入陈留。曹操引军征讨，并大破之。随后，下邳人阙宣聚众数千起义，自称天子。徐州牧陶谦在攻伐起义军的过程中，擅入兖州境界，攻取了泰山郡的华县、费县，并纵兵掠夺任城。鉴于这种形势，初平四年秋，曹操引兵征讨陶谦。

曹操曾先后两次征讨陶谦，此是第一次。围绕"曹操征陶谦"产生了历史上一系列著名而有争议的事件。如"陶谦杀曹嵩""曹操屠三城""刘备坐领徐州牧""曹操吕布濮阳大战""吕布袭夺徐州""吕布辕门射戟""曹操水淹下邳城""白门楼斩吕布"等，精彩纷呈，需要细细说来。

关于曹操征伐徐州的原因，一种最普遍的说法是陶谦的部下劫杀了曹操之父曹嵩——曹操起兵是替父报仇。

曹操究竟是不是替父报仇，这要看曹嵩的被害时间。在董卓乱后，曹嵩带着家口到琅琊郡避难，后被陶谦的部将所害。关于此事《后汉书·陶谦传》记载，初平四年，陶谦的部将因贪恋曹嵩的财宝而将其袭杀。《三国志·武帝纪》记载，兴平元年（194）春，曹嵩被陶谦所害。如果曹嵩于初平四年被害，那么曹操初平四年秋季讨伐陶谦，当然有替父报仇的原因；如果曹嵩于兴平元年被害，那么曹操此次讨伐陶谦在曹嵩被害之前，自然与报仇无关。

应该说《三国志》对此事的记载更为准确。《三国志》是三国到西晋年间的陈寿所著，《后汉书》则是南朝宋时期的范晔所著——此时离汉末已经过去了两百多年。相比之下，陈寿对东汉末年和三国时期的史料掌握得自然要比范晔准确。《三国志·武帝纪》中，在叙述曹操第一次讨伐陶谦之事时，对其替父报仇一事只字未提。若此时曹嵩已死，"替父报仇"这样好的借口，不会不被提及。

况且《后汉书》中的记载也有自相矛盾之处。如《后汉书·应劭传》载：

> 兴平元年，前太尉曹嵩及子德从琅邪入太山，劭遣兵迎之，未到，而徐州牧陶谦素怨嵩子操数击之，乃使轻骑追嵩、德，并杀之于郡界。劭畏操诛，弃郡奔冀州牧袁绍。

根据这条记载可知，兴平元年曹嵩还活着。故而曹嵩死于兴平元年的可能性最大。这样曹操在初平四年秋季第一次讨伐陶谦，也就没有了替父报仇的原因，而单单是地盘之争。

兖州是四面受敌之地，曹操以此为基地，要时刻做好多线作战的准备。而徐州东面临海，有较为稳固的后方，且州牧陶谦较为无能，其他势力又暂时未有染指，这里自然成为曹操据有兖州之后，下一个想要兼并的对象。

曹操派大将曹仁率领一支骑兵作为先锋部队，攻击陶谦部将吕由，自己则都督大部队杀奔彭城。一路攻占十余座小城，在彭城下与曹仁会师。曹军兵合一处，大破陶谦于彭城。史称："谦兵败走，死者万数，泗水为之不流。"

彭城即今天的江苏省徐州市。"泗水"在今天的徐州地图上已经无法找到，因为它早就变成了黄河的一部分。

古代的泗水是淮河的一大支流，发源于鲁中山地，流经山东、安徽、江苏三省。西汉武帝时期，黄河在瓠子决口，就曾抢夺泗水河道长达23年。唐代以后，黄河多次决口侵夺泗水河道入淮河。

徐州市内的古黄河为汉代泗水河道

1128年，南宋东京守将扒开黄河堤坝，阻止金兵南侵，从而引发黄河泛滥，河水再次夺泗水河道进入淮河。此时的泗水只承担黄河的部分水流。又过了几十年，1194年，黄河主流也开始由泗水河道流入淮河，从此徐州的泗水变成了黄河。

黄河在泗水河道中流淌了600多年，直到1855年再次改道，向北夺济水河道，从山东东营入海，才最终形成了今天的黄河河道。而徐州的黄河便被称为古黄河、故黄河或废黄河。

每一次黄河改道都伴随着滔天的洪水，即使在不改道的年月，黄河也时常泛滥，使徐州城无数次被黄汤淹没。《明史·河渠志》曾记载发生在1624年的一次大劫难："（天启）四年六月，决徐州魁山堤，东北灌州城，城中水深一丈三尺。"《徐州府志》则说此次洪水"官廨民庐尽没，人溺死无算"。

"一担水，六斗泥"，黄河是世界上含沙量最高的河流。据观测，汛期黄汤每立方米含沙量最高可以达到惊人的651千克。洪水退去

徐州汉画像石艺术馆藏汉代墓葬中的画像石——千百年来的水患使得徐州地表之上汉代遗迹无存，只有从墓葬中的画像石上还能窥见其当年的风貌

后，以前的城市已在泥沙之下。人们一次次倔强地在原城址上筑城生息，逐渐形成了徐州的叠城奇观。

20世纪40年代，有人在徐州南城门附近挖地窖时发现城门以下还有城门；50年代初期，市委机关在原清代府衙遗址上建设房屋，发现府衙遗址以下有唐宋的官署，唐宋官署以下居然有西楚霸王项羽的王宫。同样的，人们在修建街道时发现街道以下还有街道，在拆除城隍庙时发现庙宇以下仍有庙宇。人们这才逐渐发现，徐州地下有一座座叠加的古城：最下面是楚国与汉代的彭城，在此之上则是唐宋的徐州，再上一层则是明清的徐州……直到如今的地面。这一座座古城叠加的吻合度令人咂舌，人们甚至曾在多口现代水井之下，发现古代水井的井圈。

当初人们修建徐州古彭广场地下商场时，曾发掘出一段叠城城墙，并以城墙剖面的形式展示这一叠城奇观。如今，这里却只有游艺厅和小吃城，那段供展示的古城墙早已不知所踪。

多少古城因自然灾害被废弃，而徐州居然把黄河都熬走了，自己还立在那里。它的故事堪称"愚公移山"的姊妹篇。"移山"与"不移城"——其背后人类的那种倔强是一致的。

笔者藏汉画像石拓片《泗水捞鼎图》——描绘了汉代人们在
彭城以北的泗水中打捞遗失的周代巨鼎的画面

2012 年，人们在古彭广场旁修建苏宁广场时，发现了一段汉代彭城城墙遗址。有考古专家曾认为这是江苏省近年来最重要的考古发现，并希望对其加以保护。然而"文化"自然斗不过"经济"——苏宁广场还是盖起来了。

我漫步在苏宁广场地下二三层的停车场，希望找到哪怕一点与古彭城城墙遗址有关的标识，以证明它曾经在这里存在过。我也曾向在这里逛街的俊男靓女打听可知这里有一座地下城墙遗址，他们

因徐州修建地铁，古彭广场三叠城遗址今已成为一片工地

都茫然不知我之所云。

望着大卖场里人来人往，眼前的繁华让我想到了古彭城曾经的繁华，古彭城的没落又让我想到了眼前的繁华。不尊重古代文明的"繁华"是不被祝福的——希望我只是杞人忧天。

彭城战败后，陶谦退兵至徐州治所郯城固守。郯城遗址位于山东省临沂市郯城县县城北部。这里是春秋时期郯国故城。清康熙七年（1668）六月十七日，郯城发生了一场举世罕见的8.5级大地震。当时的郯城知县写诗描述："颓垣败壁遍荒村，千村能有几村存。"村落如此，故城的破坏更甚。如今古郯城城垣仅存西、北城墙的局部。不过据考古探测，故城周长约4.7千米，虽比不上昌邑那样的大都会，但也是一座大城了。

曹操引兵攻打郯城，一时难以攻下，因粮尽而退兵。在此时出现了史书上所说的"曹操屠三城"事件——这成了曹操一生的污点。据说曹操在围攻郯城不利之后，引军到泗水以南，攻陷取虑、睢陵、夏丘三县，并屠城，杀死百姓数十万。关于此事有两条史料记载：

谦退保郯，操攻之不能克，乃还。过拔取虑、睢陵、夏丘，皆屠之。凡杀男女数十万人，鸡犬无余，泗水为之不流。——《后汉书·陶谦传》

太祖不得进，引军从泗南攻取虑、睢陵、夏丘诸县，皆屠之；鸡犬亦尽，墟邑无复行人。——裴注《三国志》引《曹瞒传》

曹操果真如此凶狠，竟对手无寸铁的百姓大开杀戒吗？即使不从曹操的人性角度考虑，这似乎也不像一位急于收买人心的创业者的做法。我们还是从地图上把这几个关键地点找出来看一看——

取虑县位于今安徽省灵璧县城东北高楼镇潼郡村；睢陵县位于今江苏省徐州市睢宁县睢城镇；夏丘县位于今安徽省宿州市泗县城关镇东。这三个地点中离郯城最近的睢陵县也在其西南 90 千米以外，最远的夏丘县距离其多达 150 千米之遥。曹操在粮尽的情况下，急于回师兖州，为什么会涉泗水，行军数百千米去屠戮三个不相干的县城呢？他的目的何在？军粮又如何保证？更何况《后汉书》中用的是"过拔"二字，曹操的行军路线根本不经过此三地，又何谈"过拔"？

《曹瞒传》是吴国人所书，《后汉书》是后世人所书，这两条记载恐怕都有不准确的地方。当然，大军所过之处皆残破，军阀混战使黎民陷入水深火热之中，这一点是毋庸置疑的。

曹操回师后不久，传来曹嵩被陶谦所害的噩耗。那么是陶谦有意杀曹嵩还是陶谦的部下为贪财而杀曹嵩？

曹操讨伐陶谦在先，陶谦是有杀曹嵩泄愤的动机的。但陶谦应该知道，劫杀曹嵩势必给曹操以口实，引来他更加疯狂的报复。陶谦是否会如此蛮干？《三国演义》中的陶谦是一位忠厚长者，而在《三国志》中，陶谦则是另一副面孔。《三国志》说陶谦"背道任情""刑政失和，良善多被其害"。如果真是这样，陶谦是有可能有意劫杀曹嵩的，但他是否真的做了，还难下结论。

不管陶谦是不是有意劫杀曹嵩，曹嵩确实死于其部下之手。这一点就足够给曹操以起兵的理由了。兴平元年夏，曹操以报杀父之仇为名，挂孝东征。

消息传来，郯城里人心惶惶。曹操第一次征徐州就已让陶谦狼狈不堪，更何况此次举哀兵而来，在舆论上、士气上更有着压倒性的优势。关键时刻，陶谦请平原相刘备出兵相救。

刘备自北海救孔融后，已经有了急危救难的美名，他要将自己在这方面的"人设"经营下去。但刘备实在兵微将寡，仅带所部千余人兵发徐州，半路上又略得饥民数千人，拼凑成了五六千人的乌合之众。陶谦见刘备的人马实在寒酸，又将自己所部四千人交与其指挥。就这样，刘备勉强凑齐了一万人马，驻扎在郯城以东。

这样的队伍如何与曹操训练有素的青州兵过招，刚一接触就被打得丢盔卸甲。眼见曹操兵势汹汹，陶谦已经做好了弃州逃跑的打算。

就在此时，形势突然发生急转——留守兖州大本营的陈宫与陈留太守张邈联合反叛曹操，迎请吕布为兖州牧。曹操在前线闻讯大惊，马上回师救援兖州，算是给了陶谦和刘备一丝喘息之机。

陈宫是曹操的心腹，曾成功运作曹操入主兖州一事；张邈是曹操年少时的好友，曾在曹操起兵初期给予他无私的援助。这样两个人怎会背弃曹操迎请丧家之犬吕布？

陈宫与张邈叛曹，与曹操刚刚任兖州牧不久便诛杀兖州大名士边让有关。

边让是兖州陈留郡人，以辩论和辞赋闻名，并得到蔡邕的赏识，名士孔融、王朗都争相与其结交。边让曾短暂做过扬州九江郡太守，但因厌倦战乱，弃官还乡。

他还乡后，正赶上曹操出任兖州牧。边让曾经讥笑讽刺曹操，曹操一怒之下将其诛杀，并连带其妻子儿子一同处死。边让"讥刺"曹操的内容如今已不得知。曹操反应如此强烈，也不一定就表明边让的言论有多么刻薄恶毒。陈琳说曹操"赘阉遗丑"也不见曹操杀他。像曹操这样的政治家，他很多看似因言杀人的行为，实际上是形势所致。曹操初据兖州，又无天子任命诏书，正是要杀人立威的时候。而曹操向来看不起那些不务实际的清谈名士，索性拿边让"开刀"。边让成为曹操诛杀的第一个名士——孔融、杨修等人的"开路鬼"。

边让之死使得曹操得罪了兖州士人，作为士人代表人物的陈宫对此大为不满，他自认为看清了曹操的真面目，因而有了叛曹之意。

多年之后，陈琳为袁绍写《讨曹操檄文》，仍以边让之死为曹操一大罪状和兖州叛曹的原因：

> 故九江太守边让，英才俊伟，天下知名，直言正色，论不阿谄，身首被枭悬之诛，妻孥受灰灭之咎。自是士林愤痛，民怨弥重，一夫奋臂，举州同声，故躬破于徐方，地夺于吕布，彷徨东裔，蹈据无所。

陈留太守张邈也是士人出身，而边让又是陈留郡人，他对曹操诛杀边让自然也颇为不满。此外，张邈还有自己的私心——曹操起兵初期不过据一县之地，拥一千之兵，要仰张邈之鼻息以生存，张邈可以给其多方援助。然而短短数年，曹操扶摇直上，做到兖州牧，张邈却仍然是陈留太守，由曹操的上司变为其属下，心态难免失衡。陈宫看准时机离间张邈与曹操，曰：

> 今雄杰并起，天下分崩，君以千里之众，当四战之地，抚剑顾眄，亦足以为人豪，而反制于人，不以鄙乎！今州军东征，其处空虚，吕布壮士，善战无前，若权迎之，共牧兖州，观天下形势，俟时事之变通，此亦纵横之一时也。——《三国志》

这番话句句说到张邈的心坎上，于是他联手陈宫"迎吕叛曹"。

比起曹操刘备等人的风生水起，吕布这几年过得很不如意。他先投袁术，但因他纵兵抄掠，恃功傲慢，袁术不能容他；后投袁绍，

今日濮阳市内的濮水河

并协助其在常山围剿黑山军，但因他恶习不改，袁绍也要除掉他。吕布发觉后只身逃走，去投河内太守张杨。吕布正在到处寄人篱下之时，听闻兖州官员集体迎请他做兖州牧，这真是天上掉下来的大馅饼。吕布喜出望外，马上应承，入主兖州，并进攻由荀彧固守的鄄城。荀彧死守，吕布未能攻下，乃屯兵濮阳。

此时，在陈宫与张邈等人的带动下，兖州诸城皆背叛曹操。只有鄄城、范县、东阿三地因荀彧、程昱等人的据守而得以保全，使曹操不至于无立锥之地。曹操回师后，紧紧握着程昱的手说："微子之力，吾无所归矣。"在稍做休整后，兴平元年八月，曹操发兵濮阳，来战吕布。

濮阳戚城会盟台遗址

濮阳自古是中原的四战之地。今日的濮阳城在春秋时期是卫国的重要城邑戚城，在其东城墙外，有一座春秋诸侯会盟台遗址。公元前626年至公元前531年，各国诸侯曾在此举行了七次会盟，足见濮阳一带的地缘战略地位之高。

汉代的濮阳城在今日濮阳以南的子岸镇故县村，紧临金堤河东岸。自今日的濮阳城去往汉代濮阳城要经过濮阳老县城，北宋和辽国的澶渊之盟就发生在这里。如今，证明那段历史的宋代回銮碑还依然屹立于此。

车行至故县村，目光所及皆是黄土。多少次的黄河泛滥早已将城垣埋没，只在村子的东南角，有一方村名碑，其上记载着此处为汉代濮阳城，可惜石碑已被广告喷绘得面目全非。在一处施工工地的深沟中，我看到黄土层相当厚，至少在 5 米以上。我采访了一位老大爷，问他这里是否还有古城遗迹。

"每当阴雨的时候，古城的轮廓就会显现出来。"老大爷说道。这个情况和巨野的昌邑古城相同，都是一个原理。

老大爷还对我讲，20 世纪 70 年代，人们在清淤扩宽故县村西侧的金堤河时曾挖掘出大量古墓，其中有很多大块墓砖，形制要比今天的砖大得多，上面还饰有菱形花纹。

看来濮阳故城西侧应该存在着一个汉代的墓葬区。

曹操与吕布在濮阳的初次交锋就发生在濮阳故城以西。曹操袭

东汉濮阳故城所在地，子岸镇故县村

击濮阳城西的吕布别营，双方僵持不下。此时濮阳城中大族田氏秘密遣使告知曹操，愿为内应，希望曹操火速进城。曹操求胜心切冲入濮阳，谁知中了吕布的埋伏，曹操在撤退时正遇吕布的骑兵，但他们并不认识曹操，居然向他问道："曹操何在？"曹操以手相指：前面骑黄马者便是。骑兵纵马去追骑黄马者，曹操这才侥幸脱险。混乱中他的左臂连同手掌被烧伤，好不狼狈。

《三国演义》对这一段的描写更是令人忍俊不禁：

（曹操）火光里正撞见吕布挺戟跃马而来。操以手掩面，加鞭纵马竟过。吕布从后拍马赶来，将戟于操盔上一击，问曰："曹操何在？"操反指曰："前面骑黄马者是他。"吕布听说，弃了曹操，纵马向前追赶。

曹操同吕布昔日在董卓府邸朝夕相处，今日又是你死我活的对手。曹操在火光中都能认出吕布，而吕布到了近前居然还认不出曹操。吕布已经可以被确诊为重度脸盲症患者了。

曹操败退回营后，与吕布在濮阳相持，后因蝗虫大起，军粮耗尽而回鄄城休整人马。第二年，双方再次在兖州展开混战。吕布毕竟有勇无谋，仅靠一时侥幸夺得兖州，其势必不长久。双方经多次战斗，吕布渐渐力不能支，遂带领陈宫弃兖州而东奔徐州。张邈则欲投袁术，在途中遭遇兵变被杀。兖州又回到曹操的掌握之中。

在山东省邹城市香城镇的普阳山北麓，有一块高高凸起且平整的台地，当地人传说这里是吕布在兖州最后的据点——吕布点将台。据说，吕布在兖州战败后，败退至普阳山并依山扎寨整兵。吕布经常携貂蝉在普阳山游玩。山上有一眼泉水，传说为貂蝉洗面之处，因为貂蝉娇美的容颜使得天边的彩霞也羞愧地落下，故此泉被称作

"落霞泉"。在普阳山以西，便是春秋时期名士柳下惠的出生地柳下邑村。跨越历史，坐怀不乱的道德模范与好色忘义的"三姓家奴"，在这座海拔不足 300 米的花岗岩质的小山邂逅了。

　　曹操并没有容吕布喘息太久，便在普阳山下与其展开大战。吕布不敌，最终退出兖州。

邹城吕布点将台遗址

徐州、小沛、下邳

三城间的关系到底如何

　　吕布来到徐州时，徐州早已变了天。此时的徐州牧是那位织席贩履的大汉宗亲刘备。

　　在曹操第二次征讨徐州期间，刘备为救徐州与他浴血奋战。《三国演义》讲曹操仓促撤兵后，陶谦有意将徐州牧一职让与刘备，并一而再，再而三地相让。历史上的陶谦并非如此高风亮节，起初他根本没有主动让贤的打算与行动。陶谦为还刘备相救之情，表荐刘备为豫州刺史，驻军小沛，这是刘备一生中第一次成为州级官员。不过当时已有豫州刺史郭贡，所以刘备这个豫州刺史既无地盘又无职权，更无天子诏命，也就是自娱自乐罢了。

　　曹操连续两次征伐徐州，陶谦忧惧成疾，不久便病入膏肓。他自知不起才开始为徐州的后事做安排，对别驾糜竺说："非刘备不能安此州也。"直到此时，陶谦才有意以州相让，且相让只有一次，并非传说的三次。

恰巧北海相孔融被黄巾军赶出北海，正在徐州避难。他深知刘备之能，为报答刘备救援北海之情，也主张让刘备入主徐州。而当时正在徐州的广陵太守陈登也非常看好刘备，曾对人说："雄姿杰出，有霸王之略，吾敬刘玄德。"此二人与徐州别驾糜竺构成"挺刘"团队，极力促成刘备接手徐州之事。

刘备得知这个喜讯后反而犹豫起来。他深知徐州是烫手的山芋，有曹操、吕布、袁术环伺，自己若轻而易举坐领徐州，必遭列强忌恨。福兮？祸兮？刘备踟蹰不止。孔融、陈登、糜竺多次亲往小沛迎请并晓以利害，刘备这才就任徐州牧。

此时陶谦已逝，州人将其安葬。据传其葬地为安徽省萧县庄里乡陶墟村，村名即由陶谦墓而来。我来到陶墟村，打探陶谦墓的下落。一位拾柴的老妇人告诉我，陶谦墓原在村西侧的山脚下，当地人称之为桃花墓，在 20 世纪 60 年代已被平毁，化为农田。

就任州牧后，刘备为酬孔融举荐之功，表奏孔融为青州刺史。刘备本是公孙瓒所置的青州刺史田楷的部将，此时却支持孔融做青州刺史，也表明他彻底脱离了公孙瓒的系统，独立门户，正式成为一方诸侯，投入到乱世的争夺之中。此时刘备三十四岁，距他涿县起兵已过了整整十年。

随后，刘备将徐州治所迁往下邳。位子刚刚坐稳，恰逢吕布在兖州战败来投。徐州属官大多不愿接纳吕布，认为他是祸乱之源。刘备力排众议，接纳了吕布。二人相见时，吕布举止轻浮、言语无常，请刘备坐妇人床上，并称其为"弟"。刘备虽心有不悦，最终还是收留了吕布。但刘备自知不能以下属视之，于是将小沛划给吕布，容其安身屯兵。

在《三国演义》中，徐州、小沛、下邳三地成组出现的频率颇高。罗贯中是元末明初人，他以当时的地理概念来描写此三地，给后世读者带来不少误导。在此需要将这三个地名在东汉末年的内涵澄清一下。

东汉时期，徐州即徐州刺史部，并没有一座城被称为徐州。罗贯中笔下的徐州，其地理位置在元明清时期的徐州城，即东汉末年的彭城。不过由于彭城并非徐州治所，罗贯中笔下在徐州城发生的那些精彩纷呈的故事，实际上几乎都不是发生于彭城。

陶谦执政时期，徐州刺史部的治所在郯城，而在刘备执政时期改为下邳。下邳故城遗址位于江苏省徐州市睢宁县古邳镇。这里是古代泗水与沂水的交汇处，战国时期齐王封邹忌于此，始称下邳。汉初韩信被封为楚王即定都于此。在我们先前提到的清康熙七年的那场剧烈地震中，黄河决口，淹没了震中 80 千米外的下邳城。

2014 年，当地农民在开挖鱼塘时，发现了深埋于地下的明清下邳故城。考古人员在对这座明清下邳故城进行考古调查时，发现明清故城之下叠压着魏晋至宋代的下邳故城遗址。那么东汉下邳故城是不是叠压在魏晋下邳故城之下呢？

还真不是。最终，考古人员在明清下邳故城东侧 1,000 余米处，意外地发现了东汉下邳故城遗址。

经挖掘，东汉下邳故城东西长约 1,500 米，南北宽约 1,350 米，周长居然与郯城故城大体相同。古城城墙残高约 5.5 米，底部宽约 32 米，顶部宽约 16 米，可见这里曾是一座恢宏壮丽的大城。这里就是刘备、吕布、曹操曾经斗智斗勇的地方。

由东汉到魏晋，下邳城向西移动了 1,000 余米。这么短距离的

东汉下邳故城遗址一角

迁址证明并非这一带不再适合做城址，而是东汉末期下邳城可能突遭某种变故，使人们不得不在其旁边另建新城

当然，即使下邳故城没有被意外发现，人们也知道东汉下邳故城就在古邳镇附近。古邳镇中有一座羊山，山上原有一座九镜塔。据说此塔上有九面铜镜——八面朝向八方，一面朝天；塔身内外有佛雕 480 尊。此塔毁于宋金战火，现正在重建。这座塔大有来头，它是有文献记载的中国最早的佛塔。文献记载它修建于东汉末年，且就在下邳城附近。因而与其说是佛塔，不如说它是指示东汉下邳城位置的灯塔。

古邳镇羊山宗善寺，始建于东汉末年，是中国最早的寺院之一，九镜塔即在此
寺院中，现已不存，正在复建

　　九镜塔的修建者是陶谦属下的下邳相笮融，他虽为乱世军阀，却是中国最早的佛教传播者之一。佛教自东汉传入中国后，一直被视作一种方术。笮融在徐州至扬州一带崇佛建寺，塑像造塔，并招揽信徒万余人举行盛大的浴佛节，从而奠定了中国寺庙佛事活动的基础，同时提升了佛教在中国的宗教地位。今天在徐州市内的竹林寺中有一座笮融纪念阁，是人们为表彰笮融的弘法功绩而修建的。

　　最后我们再说说小沛。小沛即今天的江苏省徐州市沛县。这里是汉朝龙兴之地，当年刘邦曾在此做泗水亭长，如今沛县内仍有一座泗水亭作为纪念。沛县在元代之后一直属于徐州，所以罗贯中将

竹林寺弘道阁（笮融纪念阁）

其作为徐州的一座卫星城看待。而在东汉末年，小沛虽与徐州接近，却属于豫州刺史部，与彭城、下邳不在同一个"省级"行政区划内。

这就是为什么陶谦表荐刘备为豫州刺史，令其驻扎在小沛。而刘备收留吕布后，不以下属待之，也令其驻扎在小沛。

沛县泗水亭

八 许下屯田

刘备与吕布联合，已成负隅顽抗之势，并不好对付。况且陶谦已逝，曹操"替父报仇"之名不存，若再执意进军徐州，恐怕师出无名。故此，曹操调整了战略方向，将扩张的目标对准豫州。

这是一步好棋，也是一步险棋。

豫州地处九州之心，中原腹地，夺之可在逐鹿中原的进程中占据优势，同时可四面出击，发展选择性很大。然而正因为这样的优势，豫州和兖州一样，是四面受敌之地，以豫州为根据地要时刻做好多线作战的准备。

建安元年（196）正月，豫州汝南郡、颍川郡等地的黄巾军数万人势力复起。曹操看准时机，以讨伐黄巾军为名，挥军攻入豫州。在将汝南、颍川黄巾军击溃并收编其众后，曹操在豫州站住了脚跟。

此时，一则重要的情报在中原诸侯的口耳间弥漫：汉献帝率领文武百官逃出虎口，衣衫褴褛地出现在伊洛平原上。

原来兴平二年（195）二月，凉州军阀李傕与郭汜的矛盾公开化，在长安城附近火并激战。李傕的部将杨奉趁机从"狼窝"里把献帝掏出来，与国舅董承一起护驾东归。李傕、郭汜打着打着，发现皇帝不见了，他们又组成联军，前去追赶。幸好有白波帅韩暹引军护卫，天子的车驾才摆脱了追击，跟头把式地回到了洛阳。

此时的洛阳已是一片荒草瓦砾，既无宫室又无官署，百官上朝时立在荆棘之间，级别在尚书郎以下的官员都要亲自砍柴采摘，方能将就度日。

权力与金钱在饥饿面前变得一文不值，几十万钱也买不到一点点可以充饥的谷物。河内太守张杨仅因向皇帝进献了一些食物，就可获封大司马这样的显官。洛阳周围群雄环伺，如何对待这个摆脱了一个困境又深陷另一个困境的天下共主，诸侯心中都在默默拨着算盘。

袁绍与曹操是离洛阳最近的两大诸侯，在奉迎献帝的问题上具有地缘优势和主动性。袁绍阵营分为以沮授为首的奉迎派和以郭图、淳于琼为首的反对派。沮授认为奉迎献帝来邺城，将皇帝控制在手中可以占据政治主动；反对派则认为将皇帝请来会对袁绍的发展有所掣肘。袁绍当初就反对董卓废黜少帝改立献帝，献帝西迁后，他还一度准备另立刘虞为帝——他对献帝向来无好感，此刻意气用事，倾向于反对派的观点，放弃了对献帝的控制。

而曹操向来尊奉献帝，没有心理包袱，他本身又是务实派，非常清楚献帝的政治价值。早在曹操刚刚占据兖州时，治中从事毛玠就曾为他谋划：奉天子以令不臣，修耕植以蓄军资。

这里的"奉"字还比较实在，此时的曹操集团并不确定可以将天子掌握在自己手中，希望做的还仅仅是"奉天子"而非"挟天子"。不久后，献帝在长安派出以太傅马日磾为首的使者抚慰关东。曹操得知后，亲自到百里之外相迎以示尊重。此后曹操不断派遣使者入长安上下打点，赢得朝廷上下一片赞誉，博取了心系王室的美名。

在闻知献帝东归后，曹操火速赶往洛阳，扛起了"勤王"的旗帜。曹操的举动再次赢得了本来就对他深有好感的献帝朝廷的信任。然而，此时曹操想要挟持献帝到自己的地盘仍不容易。洛阳处在护卫献帝东归的杨奉、韩暹等小军阀的控制之中，他们对外来闯入者曹操心怀戒备。

曹操巧妙利用杨奉、韩暹、董承、张杨之间的矛盾，或打击、或恐吓、或迷惑、或拉拢，趁诸人迟疑之际，迅速移驾出洛阳，南奔颍川，并最终在许县安顿下来。汉献帝宣布迁都于此，称之为许都。曹操自命为司空，行车骑将军事，总揽朝政。自此以后，曹操将献帝牢牢地掌握在自己手中直到去世，长达二十五年之久。

汉魏许都故城遗址　　　　　　　汉魏许都故城遗址文保碑

许都故城建筑遗址

"闻听三国事，每欲到许昌。"

今日，当游人来到河南省许昌市市区，随处都可以看到这句宣传标语，语出郭沫若。是啊，据统计在通行本 120 回《三国演义》中，有 51 回提到了许昌，共计 174 次，"三国"成了许昌的文化符号，许昌也因"三国"而闻名遐迩。

但这里有两个问题需要说明。

第一，今天的河南省许昌市市区并非当年的许都，而是当时颍川郡颍阴县所在地。如此一来，今日许昌市内的许多所谓三国遗址，便不可能是当时真实的遗存，而仅仅是后人的纪念地而已。我们在后文中会陆续谈到。

真实的许都遗址在哪里？一千多年来，人们只知道许都在许昌市附近，但对其具体位置众说纷纭。直到近世，学者才最终确定许昌市以东 19 千米的张潘镇古城村即汉魏许都遗址。

第二，人们经常说献帝或曹操"迁都许昌"，这样的说法并不准确。"许"本是颍川郡许县，东汉朝廷迁来之后，被称作许都。曹丕代汉称帝后，将都城迁回洛阳，因"魏基昌于许"，改许都为许昌，至此"许昌"这个地理名词才出现。也就是说，在"许"作为东汉都城的时期，"许昌"这个地名还未出现。

许都故城本为周代许国国都，秦时此地被设为许县，两汉因之。自 20 世纪 70 年代起，考古工作者对许都故城遗址进行多次勘查，发现其文化层堆积达到 6 米，下层为二里岗文化层，中层为周代文化层，最上层才是汉代文化层，从而印证了许都故城立城之久。

曹操迎献帝迁都许县后，在原城池的基础上立宗庙，盖宫殿，建官署，修仓库，扩街道，辟园林，建造了一座周长达 7.5 千米的庞大都城。此后，这里一直是中国的行政中心之一，直到南北朝时期的刘宋景平元年（423），北魏大将周几入寇许昌，将其夷为平地。这座古城之后便再也没有得到恢复，被重新犁为耕地，退成了它原初的模样。

如今，许都故城的绝大部分建筑已经泯灭无存，但在其西南角还保存有一座高约 15 米的土丘，远望如钟，覆于大地。此地为献帝祭天处，被称为毓秀台，功能类似于明清时期北京的天坛。沿着台阶登上毓秀台，其上是一座天爷庙，供奉有玉皇大帝，来此拜祭者都是周遭百姓。将近 20 个世纪过去了，毓秀台仍然是祭天之所，只是祭祀者由皇帝变作了百姓。

站在毓秀台上眺望四周的千重麦浪，星星点点、断断续续的城垣遗址隐约可见。当地百姓为我讲述了毓秀台的传说：据说毓秀台下有曹操的藏兵洞，长达 45 里，一端出口在毓秀台西侧，一端出口在明清许昌城（汉代颍阴县城）北门内。藏兵洞被废弃后，洞里灌满了地下水。在清代曾有人从许昌城北门的洞口放入五只鸭子。第二天，有四只鸭子从毓秀台西侧的洞口游了出来。后来洞口被封死，再也没有人找得到了。

为什么曹操会挟持汉献帝定都许县？我想单去讲一个小小的许县似乎说不明白问题。应将考察的视野放大——放眼看一看许县所在的颍川郡。

颍川是一片古老的土地，据说大禹曾定都于此。文献中多有"禹居阳翟"的说法。阳翟即在颍川郡境内，战国时期属于三晋之一的韩国。公元前 230 年，秦始皇攻灭韩国后，始在其地设立颍川郡。

在毓秀台上眺望许都故城遗址

颍川郡北限黄河，南通江汉，东引淮泗，西控虎牢，处在中原核心的位置，境内地势平坦、沃野广阔，又有颍河及其支流遍布其间，非常适于耕作、灌溉、运输、囤粮。

在秦汉大一统的年代，占据地理优势的颍川郡很快成为天下大郡，与汝南郡同为全国人口最多的郡，若论人口之稠密又比汝南郡更甚。

充足的劳动力不但使颍川郡农业经济繁荣，而且手工业

毓秀台上的天爷庙

也异常发达。汉代在全国冶铁中心设立铁官，在制造中心设立工官，而颍川郡既有铁官也有工官。这里的人们采矿冶铁，制造农具、武器。农具让颍川郡的经济更加繁荣，武器令其成为"天下劲兵之处"——这一切都是曹操将政治基地移至颍川所需要考虑的物质基础。

当然，乱世迁都除了要考虑物质条件，还要考虑新都城的政治与军事安全。曹操的大本营在兖州，而颍川郡是剿灭颍川黄巾军之后新收复的地区，按说兖州更加安全——但实际并非如此。

兖州紧邻袁绍管辖的青州，一旦袁绍幡然醒悟，认识到献帝的政治价值，他可以很轻易地出兵兖州抢夺皇帝。而颍川郡许县四周没有实力雄厚的军阀，更重要的是离袁绍辖区很远，其间又有黄河阻隔，相对安全得多。

后来的历史证明了曹操选择许都是明智的——无论是袁绍自北

向南的征讨，还是马超自西向东的反叛，抑或是关羽自南向北的攻伐，都没有实际威胁过许都的安全。

另外，正因为曹操的大本营在兖州，所以他不将献帝迁往兖州反而可以向天下表明自己没有挟持皇帝的私心，最大限度地避免了刺激各路诸侯、给人以口实。

许昌市内的曹操塑像

优渥的物质条件、相对安全的政治环境自然是乱世立都的基础，而人才因素也是执政者不得不考虑的重要方面。乱世不比太平年景——在太平年景里埋没几个人才对于国家安定似乎并无甚影响；而在乱世，在你死我活的政治军事斗争之中，人才的作用尤为重要，说是"一言兴邦，一言丧邦"，毫不过分。东汉末年正值乱世，人才成为一个地域重要的资源。曹操一定要将都城迁到一个人才密集区，这样那里的人才就会为自己所用。放眼天下，这样的理想区域只有汝南郡与颍川郡。

"汝颍多奇士"，此二地是天下的智仓所在。但汝南郡内袁氏根基深厚、影响广大，在曹操看来，那里的人才在政治上是不可靠的。那么据有颍川并挖掘当地的人才潜力就成了曹操集团的首选。

在桓、灵之世，天下将乱之时，颍川郡就出了四位名士，号为"颍川四长"，即荀淑、韩韶、钟皓、陈寔。此四人俱有善绩，以仁信笃诚而有高名，《后汉书》有《荀韩钟陈列传》专记他们的事迹。他们的子孙后辈除韩氏人才不旺外，其他三家都成为曹操集团重要的智囊。

如钟皓之孙钟繇，在曹魏政权官至太傅，钟繇之子钟会是攻灭蜀汉的主帅。钟家起源于项羽的大将钟离眜。"钟离"本是复姓，自钟离眜之子钟离接开始，以"钟"为姓，世居颍川长葛。在许昌以北的长葛市老城镇田庄村，至今仍有钟繇墓，不过仅是个土丘而已。真正的钟繇墓早在晋代已经被盗掘——当时有个叫宋翼的书家，偶得钟繇墓中出土的《笔势论》，依此练习，书艺大涨。王羲之曾在《题卫夫人笔阵图后》中记录此事：

（宋）翼先来书恶，晋太康中有人于许下破钟繇墓，遂得《笔势论》，翼读之，依此法学书，名遂大振。

我一度怀疑，后世武侠小说中，一个毛头少侠因偶然的机会得到武功秘籍，遂成武林高手的故事就源于此。

在曹魏末年，因钟会据蜀反叛失败，钟家受到严重打击，政治地位大不如前。钟繇墓居然在西晋的鼎盛时期——太康年间被盗，似乎就是个证明。

与钟家相比，源于战国思想家荀子的颍川荀氏，在汉末名声更大。在汉末三国史上荀彧、荀攸的大名谁人不知？荀彧是荀淑之孙，荀攸是荀淑的曾侄孙。而荀彧、荀攸只是荀家的代表而已。据学者统计，在魏晋朝廷中身居要职的荀氏子孙达到七十二人。这是多么庞大显赫的家族啊！

　　荀淑有子八人：荀俭、荀绲、荀靖、荀焘、荀汪、荀爽、荀肃、荀旉，号为八龙，俱有名声。其中，荀绲便是荀彧的父亲。但八龙中最有名的不是他，而是荀爽。当时颍川郡父老中流传一句话"荀氏八龙，慈明无双"。"慈明"是荀爽的字。荀爽曾创造了东汉的一项纪录：自布衣被朝廷征召开始，仅用九十三天便官至三公。

钟繇墓

八龙冢

八龙冢上的古柏

相传荀淑去世后，八子在父亲墓冢封土上各植柏树一株，故世人称荀淑墓为八柏冢，也称八龙冢。这一汉墓至今尚存，位置在许昌市区北郊的陈庄村。

我到陈庄时，村子正在拆迁，满地瓦砾。不过这反而使得八龙冢遥望可见。我弃车步行，一脚深一脚浅地来到冢前。

八龙冢并不算高大，封土上有一间小庙，数棵古柏环绕其周。待我拾级而上，对着古柏一一数来，发现果然有八棵，但只有五棵长势良好，另外三棵就不妙了——其中一棵只剩下了一墩树桩；另一棵扑倒着，已是枯木；还有一棵斜卧着，没有发芽，看样子也已经死去。在墓顶的角落里，有一个古树群保护牌，上书：侧柏，五株，树龄约一千八百年，一级古树。看来这八棵古柏确实只有五棵存活。

走出陈庄，我转头回顾八龙冢，却望到村口的牌坊上写着"千年陈庄"。除了这个牌坊，"千年陈庄"的所有建筑都已被夷为平地。

草木代谢，人事亦然。颍川荀氏自东汉至西晋一直是炙手可热的大族，但自永嘉东渡后，人丁凋零，重要人物多次卷入政治斗争而被夷杀。隋唐之后，"荀"逐渐成为僻姓。

在颍川四大家族中，韩氏在东汉战乱中即告式微，钟氏在曹魏末年一蹶不振，荀氏自东晋齐梁年间逐渐衰落，而陈氏却繁衍至今，仍为巨族。据统计，今日陈姓名列中国第五大姓，人口达七千万，其中颍川陈氏后裔达六千万以上。而陈氏居海外者大约还有两千万。

颍川陈氏共同尊陈寔为始祖。陈寔有子六人：陈纪、陈政、陈洽、陈谌、陈信、陈光。陈寔与其子陈纪、陈谌并著高名，被时人号为"三君"。陈纪之子陈群、陈群之子陈泰都是曹操集团的重臣。

曹魏的国家法律《魏律》以及在魏晋南北朝实行四百年的选官制度——"九品中正制"就是由陈群所创。陈泰则是曹魏后期坐镇雍州的统帅，多次成功抵御姜维的北伐。曹髦被弑后，陈泰呕血而

陈寔墓

死，堪称曹魏之忠臣。

颖川陈氏始祖陈寔据传是今许昌市长葛古桥乡陈故村人。在陈故村以西约两千米处，有一座陈寔墓园，是世界颖川陈氏后裔祭祖的地方。我来到陈寔墓园是在四月末的一个午后。令我倍感惊奇的是，墓园前的空地上都种上了麦子，文保碑周围、台阶侧、墙角下也是如此。再仔细一看，连路旁的行道树树坑里也不例外——所有裸露的土地都种上了麦子。

"良农惜地力"，竟至于此，令我不觉心生敬畏。

踱步入园，眼前又是一片肃穆，整整洁洁的场地上，一尊塑像立于中，几通石碑傍于侧，墓冢不大而雅，周围松柏环亻，而那松柏之下，依然是直挺挺向上冲刺的麦子。

敬祖惜物，可能这就是千年望族的家风，也是五千年华夏的民风吧。

在许地建都可以说是曹操给予颖川人才最大的利好。那么为什么颖川郡能够涌现如此多的人才，让曹操对此地如此重视和青睐？

其中道理似乎并不难解。颖川郡优越的经济条件使得豪族大姓世代盘踞于此。占据经济高位的豪门自然也垄断了当时的文化教育。子弟读书多，受到良好的教育，自然也就容易出人才。豪门之间又相互交往，相互提携，或认作师生，或结为姻亲。如我们刚刚提到的颖川荀、钟、陈三大家族，陈寔的原配为钟氏，继妻为荀氏；荀彧的女儿嫁给了陈群；钟繇的女儿嫁给了荀爽之孙荀肸，其子就是西晋重臣荀勖。他们之间形成盘根错节的关系网络，声望也就更大。

而大姓名士之间的交往聚会更是寻常。他们在聚会中常常携带子侄，希求相互提携引荐，博取声名，形成舆论影响，这样就能在以察举为主要方式的选官制度中占据优势。《世说新语·德行》中载有陈寔与荀淑之间一次寻常又不寻常的聚会：

> 陈太丘诣荀朗陵，贫俭无仆役。乃使元方将车，季方持杖后从。长文尚小，载著车中。既至，荀使叔慈应门，慈明行酒，余六龙下食。文若亦小，坐著膝前。于时，太史奏："真人东行。"

笔者藏汉代画像石拓片，描绘了车马拜会的场面

陈太丘指陈寔，因其做过太丘长。荀朗陵指荀淑，因其做过朗陵侯相。一次，陈寔带着儿孙去见荀淑。陈寔清贫简朴，没有仆役，就让儿子陈纪（字元方）驾车。当时陈群（字长文）尚小，坐在车内。听说陈寔没有仆役，公子陈纪亲自驾车，荀淑也没有指使下人，而是让儿子荀靖（字叔慈）去开门，荀爽（字慈明）行酒，以示尊重。

陈寔是豪族大姓，又怎么会清贫简朴？这只是相对而言，切莫以为陈寔真的就清贫如百姓。他能驾车出行，又清贫到哪里去？况且他妻子就是荀氏，自然和荀家门第相当。"贫俭"只是文人名士好为自己张贴的标签、经营的"人设"而已，这个传统似乎直到今日也未断绝。

荀淑与陈寔之会本是一次寻常的文人聚会，但不寻常的是《世

许昌小西湖旁的德星亭

德星亭一侧的德星之会雕塑

说新语》中最后那句"于时，太史奏：'真人东行。'"当时的太史向汉灵帝上奏："道德高尚的人在东方行走。"

这似乎说得还不够明确，《异苑》中的另一条史料记载，太史夜观天象，见众星相聚，乃上奏称："五百里内有贤人聚。"

许昌正在洛阳以东"五百里内"，于是荀、陈之会便被认定为德星之会，荀、陈两家也因此名声大噪。后人在许昌小西湖畔修建了一座德星亭以纪念荀、陈"星聚"。德星亭最晚在唐代就已经存在——唐人胡曾擅写咏史诗，曾作咏史诗百余首，他在《颍川》中说道："今日浪为千里客，看花惭上德星亭。"宋人欧阳修、朱熹也都曾流连此亭，留下笔墨。明代以后，德星亭颓败不存。今日之亭为1977年重建，2012年重修。

为什么要费大量笔墨来讲一次聚会？在此想说明的是像荀淑、

陈寔这样的名士，一举一动都受人关注，他们是当时士人的表率、楷模。曹操一旦得到了这些出于豪门的人才，也就得到了人才背后的豪门的支持，同时门第稍低的人才也会争相效仿，加入他的阵营。如郭嘉字奉孝，他是颍川阳翟（今河南省禹州市）人，曹操迁都许都后，年仅二十六岁的郭嘉由荀彧举荐入仕，被任命为司空祭酒，成为曹操的属官，后成为曹操最重要的谋臣。

曹操在许都撒下一张网，要将颍川的人才通通收入网中。他网罗的对象，除了有郭嘉这样未曾入仕的"小白"，更多的是对手身边的精英。损敌利己，彼消我长，是一举两得的手段。

颍川是天下智仓，在其他阵营中也有不少颍川籍人才。比如曹操的主要对手袁绍的账下就有荀谌、郭图、辛毗、辛评等诸多颍川籍谋士，而迁都许都无疑对他们有着强烈的招徕作用。

曹操不去挖袁绍的墙脚，却希望"墙脚"自己跑来为许都的建设添砖加瓦。

当然任何一张网都有漏洞，曹操想要做到野无余才并不容易。如不逊于郭嘉的颍川大才司马徽、徐庶，就对曹操不感兴趣，优哉游哉向南游去。关于他们的故事，我们要放到以后再讲了。毕竟至此曹操网里的鱼已经多得数不过来了。

铧犁，另一件武器；耕牛，另一匹战马

曹操对颖川人才的倚重，很快得到了回报。几乎在曹操大兴土木修建许都的同时，颖川长社人枣祗就为曹操献上一条重要建议：在许都周边屯田。

汉末战乱，民众离开故土，流离失所。劳动者失去了土地，土地失去了劳动者，农业经济陷入崩溃。曹操曾在诗歌《蒿里行》中描写当时的悲惨状况：

白骨露于野，千里无鸡鸣。生民百遗一，念之断人肠。

军与民是鱼与水的关系，这种关系不单单体现在情感上，还体现在后勤保障上。百姓无以为生，军粮自然得不到保证，军队的纪律也无法保证，甚至会直接导致军队溃散，裴注《三国志》引《魏书》载：

> 自遭荒乱，率乏粮谷。诸军并起，无终岁之计，饥则寇略，饱则弃余，瓦解流离，无敌自破者不可胜数。袁绍之在河北，军人仰食桑椹，袁术在江淮，取给蒲蠃。民人相食，州里萧条。

袁绍的军队要以桑椹充饥，袁术的军队则要吃"蒲蠃"，也就是蚌、蛤之类的软体动物。曹操一方的情况也很糟糕——他与吕布相持兖州时，手下的程昱筹集军粮，居然"颇杂以人脯"，以人肉充饥。东汉朝廷来到许都后，仍然是"是时岁饥旱，军食不足"。战争打的是人心，打的是后勤，要想安定天下，就必须让民众回归田园；要想让民众安定，就要尽量做到军不扰民。于是曹操听从枣祗等人的建议颁布《置屯田令》：

> 夫定国之术，在于强兵、足食。秦人以急农兼天下，孝武以屯田定西域，此先世之良式也。

曹操开始在许都大规模屯田。这一历史事件被称作"许下屯田"。

"许下屯田"至今留有很多遗迹。

在许昌周边有许多以"屯""营"为名的村庄，他们代表了曹操屯田的两种形式：民屯和军屯。民屯以屯为单位，军屯以营为单位。这些散布在颍川大地上的屯田组织逐渐形成村落，随处可见。

绝大部分屯田据点现在留下的也仅仅是名字而已，曾经的建筑设施早已不存。一些靠近城市的屯田据点，因近年来大规模的城市建设，早已被高楼覆盖。如现在许昌西郊灞陵桥畔的碾上村，据传是当时谷物脱壳的场地，如今已经融为许昌市区的一部分。

不过，也有一些大型屯田据点至今仍留有残迹。比如在许昌与漯河交界处的临颍县窝城镇后张村，有一座土城遗址，曾为张辽军屯驻守之地。1916年的《重修临颍县志》载："窝城北里许有故垒荒残，土人呼为张辽城。"

张辽城城址现已成为一片麦田，麦田中有点点凸起的城垣痕迹。我向正在耕作的农民打听："这里是不是原来就是一座城，叫作张辽城？"

他们听后爽朗地笑了："那是哪辈子的事了。城早已经平了。以前这里都是很高很高的土台，后来大伙把高的地方推平了，把低的地方垫高了，为了种田方便。"

窝城镇后张村张辽城遗址

据考古勘测，张辽城原占地面积约 15 万平方米，不可谓不大。我望着这片麦地和幸存的一点城垣，心中颇为感慨。当年筑城是为了种田，现在毁城也是为了种田 ——因农而生、因农而亡，似乎是这座城的宿命，但总令人感觉若有所失。

与张辽城类似的还有枣祗屯田处、韩浩屯田处、任峻屯田处等。这么大规模的屯田，收了粮食如果靠车拉人运会非常费力。在离碾上村不远的屯里村，有一座马墓桥，当地人传说这里埋葬着曹操的一匹战马。一次曹操来这里视察，见军士运粮辛苦，便将自己的战马留下来帮忙拉车，结果把战马活活累死了。传说曲折地反映了当时运粮之艰。

既然种粮时需要水利灌溉，收粮后又需要运输，曹操干脆下令开挖了数条运粮河，灌溉、运输一举两得。在今天许昌周边仍有枣祗河、玛瑙河、高低河、灌沟、艾城河等诸多运粮河遗迹。

这些人工河流在当年沟连着颍河、双洎河等天然河流，将充足、清澈的水源源不断地送到田间地头，滋养着麦谷的生长；也使得打下的粮食可以直接在田间地头装船，运送到仓城储存。

当年许都的仓城在今天的许昌长葛市南席镇古城村。我在村南寻觅，还能看到高出地面一到两米的城垣遗迹，其中砖瓦残存较多。这座仓城因紧邻洧水，又称洧仓城。顾祖禹《读史方舆纪要》云：

洧仓城在许昌故城东。即洧水之邸阁也。《水经注》：洧水过长社县，分一支东流过许昌，又东入汶仓城内。俗以洧水为汶水，故亦曰汶仓。东汉建安中，枣祗建议屯田，募人屯许下，得谷百万斛，此其仓城也。

许下屯田的效果立竿见影，不到一年就"得谷百万斛"。有了

运粮河遗址

许都的经验，曹操开始将屯田政策扩展到自己所辖的各个地区，开展了一场"农业学许都"运动。这场运动的效果同样令人满意——"郡国列置田官，数年中所在积栗，仓廪皆满。"

在曹操的家乡亳州，原有一东一西两座观稼台，它们是曹操在亳州推行屯田运动的历史见证者。这两座观稼台今日已陷入市区，但在当年，却处于亳州城外。凭台远望，阡陌交织的农田、日夜不息的涡河尽收眼底。传说曹操曾亲自登上高台，观看屯民耕种，感慨稼穑之艰，展望丰收之乐。

如今，西观稼台已不存在，东观稼台在东台路北侧，被一片棚户区所占据，根本看不出高台的模样，如果不是有文保碑，人们很难找到准确地点。沿着小巷向北走，自觉双腿比较吃力，此地确实

许都仓城遗址散落的汉魏砖瓦　　　　　亳州东观稼台遗址

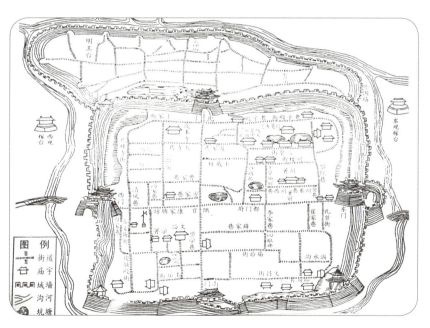

清光绪二十年（1894）亳州地图，可见东、西观稼台的位置

已经生长了两千三百余年的古社柏群

有抬升之势。据当地居民介绍，东观稼台已经划入城建拆迁范围。抬头望去，近在咫尺的新楼盘正在拔地而起，不知不久的将来，东观稼台的命运如何。

屯田的建议者枣祗是颍川长社人。"长社"即今日的长葛，战国时期的魏国将此地命名为"长社"。地名缘何而来，应劭在注释《汉书》时解释说："社中树暴长，更名长社。"社树就是社稷坛中的柏树。既然战国时期此地就被称为"长社"，自然社树在那之前已经存在。

令人惊奇的是，社树们今天还在。

在许昌长葛老城镇西北的中州人文纪念园内有 23 株古社柏，据测算，树龄均已达两千三百多年，系国内最古老的社柏种群，当地百姓称之为"坛坛之柏"。它们是见证"许下屯田"的活化石。

社是指土地神，稷是指五谷神，人们自古便以"社稷"来指代国家政权。在古代，很多地方都设有社稷坛，用来祭祀，以求神祇保佑大地五谷丰登。

站在这些比秦始皇修建的长城还要古老的柏树中间，遥想"许下屯田"的场面，这里一定非常热闹——人们虔诚地祭祀，渴望着丰收。

或许是祭祀感动了神灵，抑或是土地不负人力——只要你虔诚地对待它，它就给你金色的回报。许都的沃野连年丰收，东汉朝廷的仓廪渐渐充实。

"手中有皇，心中不忙。手中有粮，心中不慌。"虽然仍被强敌环伺，曹操的心中却逐渐有了底气。他接下来要放眼望一望纷繁的周遭，看一看哪里是实现霸业的突破口。

曹操挟持献帝迁都许都之后，实际上拥有了兖州、豫州二州的控制权。此时曹操周边的形势大体如下：在北面，袁绍控制冀、青、并三州，刘虞与公孙瓒占据幽州，张杨占据河内郡。在东面，刘备占据徐州，与小沛的吕布成掎角之势，袁术占据淮南，势力影响到江南。在南面，刘表占据荆州，张绣盘踞宛城。曹操的西面则被大山所阻隔，再向西是残破的关中地区。

可见曹操周边的诸侯中，实力最弱的为占据河内郡的张杨与占据宛城的张绣。曹操的下一步打击对象应在这二者中选择。

张杨北靠袁绍，处于袁绍与曹操间的缓冲地带，贸然攻击张杨有可能触碰袁绍敏锐的神经，无异于虎口拔牙。况且河内郡在黄河以北，与豫州有黄河之隔。这种阻隔一方面使得曹操劳师远征并不容易，另一方面使得张杨对许都的军事威胁也不大。

张绣的靠山是荆州牧刘表。刘表坐观天下之变，奉行保境安民政策，没有强烈的扩张意愿。攻击张绣的危险程度大概相当于狗嘴拔牙。更何况宛城与颍川、汝南等郡相接，张绣虽弱，对许都的威胁却很大。一番权衡之后，曹操决定先拿下宛城。

张绣是凉州军阀张济的侄子。张济本是董卓旧部，在李傕、郭汜犯长安之时，张济与樊稠并为爪牙。后张济被封为镇东将军，驻守弘农。张绣一直在叔父军中效力，因军功升为建忠将军，后至宣威侯。弘农饱经战乱，土地荒芜，筹粮困难。张济"追着粮食跑"，一路向南，渐渐进入了刘表的防区。

在穰城（今河南邓州）境内，张济的队伍与刘表的驻军发生冲突，张济被流矢所中，不治而亡。此后，张绣继承叔父的位置，统领这只小军阀的武装力量。刘表与张家本无宿怨，张济在阵前意外阵亡，他也感到过意不去。当属下因前方获胜而对他表示祝贺时，刘表却说，张济穷途而来，我军无理，居然与其交锋，致其死亡，这并非我的本意，于是派人去接济张绣。张绣正茫然不知所措，见到刘表遣使罢兵讲和，并提供军需给养，索性也就与他联合，驻扎在宛城一带，替刘表看守荆州北门。

张绣是乱世中的小军阀，蜗居在宛城仰人鼻息，苟延残喘，并无多少实力。唯他手下一谋士，姓贾名诩字文和，在整个汉末三国的历史中也是位列头一排的智囊。贾诩是甘肃武威姑臧人，同李傕、郭汜、张济、樊稠等人同属董卓的凉州军阀系统。他先佐董卓之婿牛辅，后辅李傕，在乱世中辗转飘零，此时正屈身张绣麾下。张绣本是小儿，初掌兵权，正是诸事不定的时候，遂将贾诩引为谋主，对其言听计从。

曹操南征张绣，率大军驻扎在宛城城外的淯水河畔。果然，刘表犹豫不决，不肯为救张绣而与曹操翻脸。张绣、贾诩仅有一城之地，孤军难支，自知不敌，于是率众出城投降。曹操居然未费吹灰之力，兵不血刃地踏入宛城。

宛城可不是一座一般的城池。它是南阳郡郡治所在地，同时也是东汉的南都。宛城地处南阳平原，位于荆州与中原的衔接部位，既是四塞之地，又是四通之地——其东南是桐柏山，西南是武当山，西部为秦岭，北部为伏牛山，可谓四塞；其向北可通洛阳，向南可通襄阳，向西北过武关可入长安，向东北直达许都，是谓四通。

南阳郡在汉代一直是天下大郡，农业手工业发达，人口众多，富甲天下。汉光武帝刘秀出生于此，使其在东汉又有了帝乡的身份。特殊的政治地位使东汉中央政策多向其倾斜。例如南阳郡西汉时辖36县，东汉时辖37县。为何多出一县？就因天下第一大郡汝南郡辖37县，朝廷认为帝乡一定不能比汝南差，所以硬生生划来一县。

东汉末年，中原战乱凋敝，人口多流向南阳避难，使得南阳人口激增——本书中还未出场的诸葛军师一家就夹杂在避难的人流中。宛城作为帝乡首府，在东汉一直是海内名都，仅次于洛阳的第二大城市。洛阳残破后，宛城自然成为当时最富庶的城市。曹操占据宛城后，不但可以得到宛城的巨额经济财富，还可以就近清剿南阳郡诸县，控制南阳大量的劳动力，并打开通往荆州襄阳的大门。

汉代宛城遗址在今河南省南阳市城区的东北部，现存留两处城垣遗迹和两处高台建筑遗迹。城垣遗迹目前高出地面5至7米，城垣外有护城河残道，目前宽度为50至80米，深达6米，可以想见当年这是怎样的一座深壑坚城。高台建筑应为汉代南都宫殿遗址，东汉皇帝经常巡幸南阳祭祖，史书记载的就有12次之多，这些宫殿应是为皇帝驾临准备的，其中尤以坐落在南阳市人民公园内的望仙台遗址最负盛名。

宛城遗址望仙台

望仙台在人民公园的北门西侧，是一座东西宽80米、南北长70米、高9米的高台。即使这里如今已经成为人民公园中的景观，即使台上已经建有休憩的凉亭，即使游人络绎不绝、穿梭不息，我仍然能从地表看到汉代砖瓦、陶器的碎片，虽不能说俯仰皆是，但只要用心寻找还是可以有所发现的。不过，令人揪心的是，望仙台表面被游客刻画涂抹的情况相当严重，到处都是歪歪扭扭的字迹和莫名其妙的图案。

关于望仙台的得名，当地百姓口耳间流传着两个传说。

其一，说望仙台原本是一座无名高台。高台一侧有一座玄妙观，每年农历七月十五，观中的道士登上望仙台，盘腿打坐，随着一阵狂风大作，就会有人飘飘

只要用心，就可以在望仙台上找到汉魏时期的筒瓦碎片

升天。人们都认为升天的道士是羽化成仙了，故将高台命名为望仙台。故事到这里并没完结。后来，新任地方官认为此事必有蹊跷，几经查找才发现，原来西北山中有一条巨蟒，每年七月十五都会腾云驾雾飞来，将道士吸入口中——升天的道士们并非成仙，而是做了巨蟒的美餐。

其二，说望仙台原名望乡台。明崇祯十四年（1641），闯王李自成兵临南阳，破城后屠其民，死难者无数。此后数年，兵荒马乱，死难者的尸体无人收敛，以至于白骨露于野，野犬横行。清朝平定天下后，南阳总兵张应祥领兵扑杀野狗，在玄妙观前挖掘万人坑，掩埋死难者尸骨，并在这座高台之上超度亡灵。亡灵于高台之上最后一次望乡，而后恋恋不舍地转世而去。故高台得名望乡台，后被讹传为望仙台。今望仙台下有一石碑，名曰张大将军收瘞枯骨碑，专记此事。

关于两则传说孰是孰非，我想前者的山中巨蟒腾云驾雾云云自然是纯粹的民间故事。后者所说的李自成屠城是真，明末清初的多种史料中均有记载；张应祥掩埋枯骨一事也不假；但亡魂于台上望乡一说则为无稽之谈。

所以说，恶魔不在山中而在人间，也可说恶魔不在身外而在心内。一千八百多年前，刚进入宛城的曹操面对不费一兵一卒便占领了这样一座大都会的惊喜，也有一些忘乎所以，心中也曾泛起一丝丝恶念。他居然将张济的遗孀，也就是张绣的婶母强行纳入军营之中。张绣得知此事，自觉受辱，深恨曹操，但尚未发作。曹操见张绣不悦，暗中有杀他之意。此事被张绣察觉，他与贾诩商议，先下手为强，倒反曹营。贾诩为张绣献计，请求曹操批准张绣的军队迁出宛城。在行军路过曹营时，张绣突然发难，与曹操的军队在宛城与淯水之间展开混战。曹军毫无戒备，一战即溃。

此战是曹操军事生涯中败得最惨的一场——大将典韦阵亡，曹操右臂被流矢所伤，曹操的长子曹昂、侄子曹安民皆殁于乱军之中。十一岁的曹丕当时也在战场，他人小鬼大，几经冲撞，侥幸逃脱。

宛城之战后不久，曹操二征张绣，兵临淯水。在淯水边，曹操举行了盛大庄重的仪式，追记宛城之战阵亡的将士。曹操唏嘘不已，众皆感动。

淯水即今之白河，在南阳市之东绕城而过。那一天，我自新野赶来，到了白河东岸，已近日暮。白河岸边是一大片密林，为了一观白河落日的景致，我把车停在林旁，一路狂奔，终于在岸边赶上了太阳公公的半个脸。途中，有三四条不知从哪里来的黄的、白的、黑的狗，一直追着我。我追到了太阳，狗却没有追到我。

而那一天，曹操也没有追到张绣。张绣在贾诩的谋划下又一次全身而退。

第二年春（建安三年三月），曹操第三次征讨张绣。张绣退守

日落白河——白河即古之淯水，远处高楼即南阳市区。曹操与张绣的宛城之战就在这片区域进行

穰城，眼看即将全军覆没。穰城离襄阳不过 60 千米，这一次刘表没有坐视不理，他遣兵救援张绣，准备断绝曹军后路。此时曹操又得到袁绍有意袭击许都、劫掠皇帝的情报，只得再次退兵。

张绣死里逃生，但贾诩对前途并不乐观：曹操屡次南征，虽然没有消灭我们，但他对南阳郡势在必得，必会再举大军前来。我们背后的刘表仅求自保，无大志于乱世。我们现在为刘表做守门之犬，待曹操大兵压境，守门之犬必成丧家之犬。与其这样，不如趁现在还有一定实力和些许资本，主动归顺曹操。

宛城之战中张绣杀得曹操太苦，因此他对于降曹一事，起初颇为不安。贾诩认为曹操乃成就大事之人，不会对过往斤斤计较。几经劝说，张绣才打消了疑虑。

贾诩与其说是在为张绣谋划，不如说是在为自己谋划。他深知辅佐张绣绝无出路，然又不肯弃张绣而去，故而说服张绣与自己一同投奔光明。果然，张绣、贾诩举兵降曹后，曹操重待二人，对张绣"执其手，与欢宴"，拜其为扬武将军，并与之结成儿女亲家。对贾诩，曹操更是另眼相看，表请其为执金吾，不久迁官冀州牧——因冀州还在袁绍的掌握之中，贾诩只能留在许都参与军事。贾诩一直受到曹操集团的重用，并在魏文帝曹丕时期官至太尉，算是为自己在乱世之中找到了一个好的归宿。

贾诩去世后，葬在许都，其墓址在许昌市以北约 10 千米的尚集镇岗朱村以东的田地中。该墓于 20 世纪 50 年代平整土地时被毁。我在岗朱村询问了几个老人，他们对贾诩墓的具体方位也已经记忆不深，所言多有出入。我在田间寻找，也没有看到土岗，但岗朱村的得名恐怕与贾诩墓有一定关系，只是平整土地时"岗"已经被平掉了。

万幸的是贾诩墓的石墓门现存于许昌市博物馆。墓门上为龙虎纹饰门楣，下为朱雀辅首门扉，整体庄严肃穆，只可惜祥禽瑞兽也没能庇佑墓主人永世安宁。

许昌博物馆藏贾诩墓门

九 辕门射戟

就在曹操南征张绣前后，徐州方面的局势发生了急剧的变化。这种变化是由刘备、袁术、吕布三者之间势力的消长造成的。

早在建安元年六月，曹操还没有控制汉献帝的时候，袁术就发动了对徐州的袭扰。刘备、袁术二人由此不睦。曹操入主东汉朝廷后，千方百计笼络刘备以抗衡袁术，他借东汉朝廷的名义表请刘备为镇东将军，封宜城亭侯，命其征讨袁术。宜城亭侯是刘备一生中获得的第一个爵位。

刘备因意外得了徐州，人心不定；吕布又常卧于睡榻——以刘备微弱的实力征讨袁术毫无胜算，可以说他根本没有出兵的条件。但刘备刚刚做了大州之主，又受到朝廷的册封，怎能公开违背朝廷诏令？他只好咬牙遵旨，留下张飞镇守下邳，自己带着关羽起军南征。

刘、袁双方在盱眙、淮阴一带相持数月，各有胜负。

刘备接手徐州牧一职时，也接手了陶谦的嫡系部队。刘备虽然得到了糜竺、陈登等徐州文官的普遍支持，但徐州的武将对他并不认可。这使得刘备始终没有真正掌握陶谦的嫡系部队。这支军事力量有两个灵魂人物，一个是下邳相曹豹，一个是中郎将许耽。曹豹是下邳的行政主官；许耽是丹杨人，陶谦的同乡，手握陶谦的主力部队丹杨兵。这两个人都没有真心归顺刘备。刘备对此事是否知情很难说清。但刘备刚刚掌握徐州，即使知情，也没有机会夺取他们的权力。

刘备在内部不稳的情况下仓促出兵，果然前脚一走，后脚下邳城内就出了问题。曹豹与张飞不和，在下邳城内"坚营自守"，与张飞对垒，并暗中使人火速赶往小沛，建议吕布袭击下邳，并允为内应。见此局势，许耽也蠢蠢欲动，伺机投降吕布。偏偏此时，正在淮南与刘备作战的袁术为了干扰刘备后方，遣使至小沛，许以二十万斛军粮，希望吕布夺取刘备的老巢下邳。

吕布叱咤乱世多年，曾经连天子都不放在眼里，董卓都死在其手，怎肯甘心屈身于小沛？在地盘与军粮的诱惑下，他背信弃义，见利忘恩，发兵袭夺了下邳，将刘备的家眷也一并俘获。

张飞带领残兵与刘备会合后，下邳已不可收拾。刘备只得再次南下，进入广陵郡境内寻觅安身之所。袁术知刘备已成丧家之犬，更要痛打落水狗，在广陵寻机与其决战。刘备以完整之军尚且不是袁术对手，何况此时。几个回合下来，刘备被打得丢盔卸甲，只得率残兵北撤，到广陵郡北境与东海郡接壤的海西（今江苏灌南县）稍做休整。

海西虽相对安全，但给养困难。史料记载："饥饿困踬，吏士大小自相啖食。"刘备陷入了绝境。

刘备的别驾从事糜竺是东海郡朐县（今江苏连云港海州区）人。糜家是郡中巨富，世代垦殖商贸，家资巨万，僮仆、食客、部曲就达万人。刘备屯兵处离糜竺的家乡朐县不足百里，糜竺便将刘备迎请到自己家中暂且安身。

在今连云港市以东的花果山南麓有-·关里村，据传便是糜竺故里。没错，花果山就是《西游记》中所描绘的那座猴王仙山。水帘洞就在糜竺故里关里村向北大约 5 千米处。这样说来糜竺与齐天大圣孙悟空还是同乡，但他们二位并未谋面。原因很简单，听我一本正经地胡说：唐贞观元年，即公元 627 年，玄奘法师递上表章，请求西行求法。和《西游记》中所讲不同，唐太宗回绝了这一请求。玄奘法师没有知难而退，而是"冒越宪章，私往天竺"，自行到天竺求法。此后不久，玄奘法师解救了被压在五行山下的孙悟空。孙悟空的刑期是五百年，从时间上推断，他被佛祖压在五行山下的时间应为公元 127 年前后。在此之前，孙悟空已在太上老君的炼丹炉中冶炼了四十九天。根据"天上一日 = 人间一年"的公式来算，孙悟空被抓上天庭的时间应不晚于公元 78 年。糜竺的生年不详，但可知他于公元 220 年去世，因而不会出生于公元 78 年之前。故此，孙悟空与糜竺这对同乡很遗憾地未曾产生交集。

但是糜竺身上还是沾染了花果山的仙气。在魏晋时代，有一则流传非常广的传说，主人公便是糜竺。

话说糜竺有一次从洛阳归家，离家还有数十里时，路遇一美貌的少妇。少妇要求搭乘糜竺的车子，糜竺便载了她一程。少妇下车时对糜竺说："我是上天派来的使者，准备去焚毁你的宅院。我见你心地良善，故此告知。"糜竺求问解法。少妇说："此乃天意，不可不烧。但你可以赶回家中将财物搬出宅院。中午便有火起。"糜竺匆忙回家准备。果然到了中午，家中火起。糜竺早有准备，故而未有大的损失。

这则传说被晋代的干宝保存在《搜神记》中流传至今。上天的使者所烧的糜家宅院据传原址就在今关里中心小学一带。今日在小学内仍有一口古井，村人皆指其为糜竺宅院的遗存，称其为"糜竺井"。

刘备来此后，糜竺"进妹于先主为夫人，奴客二千，金银货币以助军资；于时困匮，赖此复振。"糜竺这位许配给刘备的妹妹，即史书中的糜夫人。由于《三国演义》往往将甘、糜二位夫人并称，并将甘夫人放于前，加之甘夫人是刘禅生母，所以很多人认为甘夫人地位高于糜夫人。实际上甘夫人是刘备在小沛做豫州刺史之时所纳之妾，而糜夫人才是刘备的正室妻子。

关里村的村民说刘备与糜夫人成亲的洞房就在糜竺井一侧的院落中。因后来刘备占据了益州，那个院落被称作"益州院"。关里中心小学的一位老师带我实地察看了益州院遗址。今日这里是山间的一处农田，往昔则是一处占地百亩的深宅大院。在 20 世纪 70 年代前后，关里村生产队在益州院旧址平整农田时，曾挖掘出 6 根高达 4 米、直径约 80 厘米的巨型石柱。百姓纷纷传言，那是益州院的遗物。

位于关里中心小学院内的糜竺井

糜竺在刘备最艰难之时，倾其家资给予了他最有力的援助。曹操曾一度想将糜竺调离刘备左右，故向汉献帝上表，请以糜竺为嬴郡太守。糜竺不为所动，拒不就任，跟随刘备颠沛流离将近二十载。刘备也深知糜竺是不可多得的忠臣良佐。建安十九年，刘备入主益州，拜糜竺为安汉将军——乃群臣之首，位在诸葛亮等人之上。

六年后，糜竺去世。此时已是建安二十五年（220），曹丕即将篡汉，刘备集团同曹氏集团已经势同水火，糜竺是否有归葬故土的可能性很值得商榷。然而在今天海州区的石棚山北麓，却有一座糜竺墓。这座墓早年已经被毁，1965 年墓地附近修建水库，墓碑亦被毁，只剩残块尚存。据说碑文为"安汉将军糜公之墓"。如今的糜竺墓为近年重建的纪念性墓葬，这里是否曾经是糜竺的真身墓已经很难说清楚了。

石棚山糜竺墓

传说中刘备曾经驻军的石棚山

在离糜竺墓不远处有一块巨石横卧山间，巨石一角好像被利剑劈开，切面平滑如镜。传说刘备败走海州，扎营在石棚山下。一日刘备与糜竺登山观察地形，见一巨石阻路，刘备心中默念：若能挥剑断石，我必东山再起。他手起剑落，巨石果然被削去一角。刘备断石试剑，颇具其祖刘邦芒砀山斩蛇之气魄。

拜谒了糜竺墓，辞别了试剑石，我信步下山。下山时要走一条石径，石径两旁长满了纷繁细碎的小竹。清风徐来，竹叶沙沙作响，不时有几片在空中舞动，在我眼前一闪一闪的，似是同我打招呼。我突有所悟，"糜"有碎烂之义，"竺"有竹子之义（《广雅》曰："竺，竹也。"）。

眼前这么多细碎的小竹，不就是我要寻找的"糜竺"吗？

是你吗？糜竺。

石棚山刘备试剑石

刘备虽然在广陵郡与东海郡交界处得到地方豪族糜竺的大力支持，但此处已濒临大海，是远离政治中心的边鄙之地，长期驻扎于此，终无用武之地。虽有新婚美妇、深宅奴客，刘备却绝非躺在温柔乡中醉生梦死之人。他时刻想着要回到中原，再争天下。

于是刘备派人向吕布请降，承认吕布占领徐州的既定事实，希望能回小沛驻扎。刘备此举可谓能屈能伸。吕布与刘备本无宿怨，甚至刘备还对其有恩，他攻占下邳，是利益使然，并不想将刘备置于死地——那样他只能独自面对袁术。吕布愉快地接纳了刘备，并返还其家眷部曲，还按照刺史的礼节规格迎接刘备还屯小沛。前文说过，小沛虽紧邻徐州，却是豫州辖境，刘备早先被陶谦表为豫州刺史，如今驻军小沛，也算理所当然。

袁术本希望刘备困死在东海，如今一转眼，吕布与刘备和解，刘备死而复生，还在小沛有了一块相对独立的狭小领地。此事激恼了袁术，他派大将纪灵统领马步军三万，气势汹汹来攻小沛，准备将刘备斩草除根。临行前袁术又派人向吕布献上军粮，希望他不要干预此事。吕布见粮心花怒放，对袁术满应满许。

然而吕布的话何时可信过？当纪灵兵锋抵达小沛后，刘备急向吕布求援。吕布统军顷刻间抵达战场。还是那句话，吕布并不希望袁术消灭刘备。若小沛被纪灵占据，吕布将处于袁术的半包围之中。他先前答应袖手旁观只是突然见到军粮后的胡言乱语，待收下军粮后，那些话是算不得数的。

纪灵望见吕布的旗帜后"敛兵而止"，他同主子袁术一样，对吕布的善变毫无防备，根本没想到这位吕温侯如此反复无常。

吕布遣人招刘备与纪灵到自己的大营宴饮。席间吕布对纪灵说，刘玄德乃我吕布之弟，为诸君所困，特来救援。我吕布平生不喜斗，但喜解斗。

怎么个解法，刘备和纪灵都很关心。吕布命属下校尉将一支戟树在百步之外的辕门，自己弯弓搭箭对刘备和纪灵说：诸君且看，我以箭射戟，若能正中戟之小枝，诸君当各自息兵罢战，若是不中，我自退兵，任由诸军厮杀。说罢一箭射出，正中戟之小枝。纪灵一见，惶恐不已，口称"将军天威"遂罢兵而去。这便是吕布一生中最出彩的壮举：辕门射戟。辕门射戟一事保存在正史《后汉书·吕布传》中，并非小说家妄语，可见吕布之神勇确非虚言。

戏台上的吕布用的是方天画戟。戟是戈与矛相结合的一种兵器，有双耳、单耳之分。耳就是戟中"戈"的那部分，也就是吕布所说的"小枝"。双耳长戟叫作方天戟，"画"是指装饰。方天戟上以错、镂等技法装饰图案，故被称为方天画戟。但历史上这种兵刃并不用于实战，仅是仪仗器。方天画戟由于是双耳，本身重量大、空气阻力大，攻击速度较慢，不易使用。可以想见，战场斗狠，唯快不破，而方天画戟舞动起来除了样子"帅"之外，对使用者并无好处，武将大多是不会为了样子"帅"而使战斗的结果"不帅"的。

真正可用于实战的戟类兵刃大致分两种，一为手戟，一为长戟。手戟是人们防身的短刃。我们前文讲过曹操年少时夜入宦官张让宅，被发现后曾以手戟自卫。董卓也曾因事以手戟掷吕布，并最终导致吕布与之决裂。长戟中的实用器一般都是单耳戟，呈"卜"字形，戈与矛一体铸造，有刺、勾、啄、割等多种杀伤手段。

当然，也正因为方天画戟不易在实战中使用，民间才把这件兵刃的使用权赐给吕布，以突出其是孔武有力的三国第一勇将。历史上的吕布虽勇，但并不用戟，他真正的实战利器是矛。裴注《三国志》所引《英雄记》中记载，郭汜与吕布在长安城外单挑，吕布"以矛刺中汜"。所以吕布所射之戟，并非自己的兵刃，只不过是军中的一件武器而已。那么吕布所射之戟又是什么形制？在江苏省南京博物院，笔者曾见到一只出土于徐州狮子山汉墓的汉代铜戟，这是在时间、空间上与吕布辕门射戟比较接近的戟的实物。

在离徐州大约50千米的安徽省淮北市中国隋唐大运河博物馆中陈列着数件刻绘有执戟门吏图案的汉代石墓门，从上面也可观察到汉代徐州附近戟的形制。

笔者藏有一套徐州白集汉墓画像石拓片，图案中有一兵器架，上面一左一右竖有两支戟，吕布所射之戟大概就是这个样子。笔者还藏有魏晋时期的一方墓砖，上有一人执戟一人持弓的图案。虽多有磨损，但不知为何，当年我第一眼见到它时，就想到辕门射戟的情景，于是果断收藏。

吕布辕门射戟处据传在沛县旧城南门外，沛县人认为吕布一箭为沛县化解了一场血腥之灾，使百姓免遭屠戮，是功德之举，故在吕布射戟处筑一高台以示纪念。此台后湮没荒废。至迟在民国时期，

射戟台应已不存。但今沛县
仍存有清乾隆年间吕布射戟
台石碑。

　　据我查到的资料，该石
碑存放于沛县文化馆内。我
循着导航到了沛县文化馆，
发现这是一栋新建的建筑。
工作人员告诉我，馆中没有
吕布射戟台石碑，近年文化
馆已经搬迁，我要找的文化
馆应该位于东风北路沛县二
中附近的文化馆旧址。我又
来到文化馆旧址，而此处的
建筑已另作他用，仍然没有

汉代石墓门上的执戟门吏图案

南京博物馆藏徐州狮子山汉墓
所出土的铜戟

笔者藏徐州白集汉墓画像石拓片——图案中
为一兵器架，左右各竖一支戟

石碑的下落。我向住在附近的老居民打探线索，出乎意料的是他们对那块石碑都没有印象。此时夜色已晚，又值天降大雨，我只好暂停寻访。

晚上我在酒店内继续查找资料，最终在一位沛县本地人发到博客上的游记中得知，吕布射戟台已在汉之源景区重建，那块石碑矗立在重建的射戟台上。第二天一早，我便赶到汉之源景区见到了射戟台和那块古碑。

射戟台上有一副对联："一弦飞矢鸣画戟，十万雄兵卸征衣。"此联源自《三国演义》中一首赞颂辕门射戟的诗句："豹子尾摇穿画戟，雄兵十万脱征衣。""豹子尾"即指在戟上系的彩色穗子。历史上纪灵所将兵马本为三万，而《三国演义》给他添了七万。

纪灵的雄兵脱掉征衣后，刘备在小沛获得了短暂的安全期。桃

吕布射戟台

园三兄弟利用这一时
机招兵买马恢复元气。
没用多久，又得兵万
余人。此时下邳的吕
布再次反复，他见刘
备有坐大之势，便率
兵攻讨刘备。方才还
是"不喜斗，只喜解斗"
的吕布，转眼间又成
了争斗的挑起者。

面对吕布，刘备料
不能敌，只得弃城而
走。此时，刘备真的
已无立锥之地——他
与袁绍在青州结仇，

吕布射戟台上保存的清代石碑

与袁术在淮南结仇，与吕布在徐州结仇，天下之大哪里还能容身？
思来想去只得到许都去投曹操。曹操正需要用刘备来牵制吕布，自
然厚待他，并以献帝的名义实授他为豫州刺史。此后，"刘豫州"
便成了刘备的一个代称。

魂断白门楼，三国第一武将的身后荒冢

赶走刘备后，吕布同袁术在徐淮之间相互攻杀，双方势力都有所削弱。曹操则坐山观虎斗，准备待到两败俱伤之时，坐收残局。而袁术不识大局，不但看不到背后的黄雀，反而伸出螳臂，举起了叛汉的旗帜，公然僭号，建立了"仲氏"政权。袁术置公卿百官，，郊祀天地，衣被皆为天子之制，已经做好了称帝的准备，只是慑于曹操之威，尚未称帝。

建安二年（197）九月，曹操亲征袁术。曹操通过许下屯田而粮草充足，加之又是率王师以讨不臣，可以说在后勤、士气、舆论等诸多方面都占绝对优势。袁术不敌，率军南撤，偏偏赶上旱灾荒年，部队星散。可以说此时袁术已经退出了逐鹿中原的舞台，仅能苟延残喘而已。

收拾完袁术，吕布便成了曹操的下一个目标。经过几番战斗，建安三年（198）十月，曹操、刘备率领大军将下邳城团团围住。吕布骁勇，作困兽斗。曹操久攻不下，便掘引沂河、泗河之水灌入下邳城，下邳顿成泽国。即便如此，吕布仍坚守了三个月之久。

河内太守张杨与吕布同为并州人，相交有旧。当年吕布逃出关中在中原四处乞食之时，曾两次投奔张杨。李傕、郭汜、袁绍等人数度欲杀吕布，吕布皆赖张杨的庇护得以全生。此次曹操、刘备围攻下邳，因吕布反复无常，天下群雄皆坐视其败亡，只有张杨对他施以援手，亲自率兵来解下邳之围。

然而人算不如天算，张杨之军未到下邳，内部就发生军变，将领杨丑刺死张杨，欲投曹操；另一将领眭固又杀杨丑，欲投袁绍——一时间河内大乱。曹操顺势派史涣、曹仁急攻河内，眭固出奔袁绍，河内郡被曹操所占。

河内郡地处黄河以北、太行山以南，范围包括今天的焦作市、济源市全部，以及新乡、安阳、鹤壁等市的部分地区。曹操占领了河内即可向北威胁冀州、并州，自然激化了同袁绍的矛盾，可以说此举为官渡大战擂响了第一通战鼓。

张杨遇刺也扯断了吕布集团最后一根救命稻草。突围无望，援兵不至，下邳城中人心浮动。吕布手下宋宪、魏续等人献城投降。曹兵蜂拥入城。吕布退守下邳城南门，即白门楼。一座城楼又怎能死守，最终吕布下城投降。吕布连同谋士陈宫、部将高顺等人一并就戮，叱咤一时的吕布势力宣告灭亡。

前文讲过，东汉下邳故城已经被考古发现。它在魏晋下邳故城以东约千米处。东汉与魏晋之间下邳城的这次迁址，很大程度上就是下邳之战中曹操灌水淹城所致。

自汉武帝时期设置徐州刺史部以来，其驻地屡更，最初在薛城，即今山东省枣庄市薛城区，王莽时期迁至下邳。东汉初年，光武帝又将其迁至郯城；刘备坐领徐州后将其迁至下邳；后来，曹操又将其迁至彭城。自此之后，彭城长期成为徐州治所，"徐州"也就渐渐成了彭城的代称。宋代以后，人们干脆直接将彭城称为徐州，直至今天。

东汉下邳故城虽已被发现，但因其遭到严重的破坏，吕布殒命的白门楼方位尚难被考古界确定。

不过我在实地考察中发现，在东汉下邳故城所在地睢宁县古邳镇，却有一地点被当地百姓称为白门楼。该处原是一座高高的土丘，相传此地便是吕布殒命之处白门楼的故址。今日，土丘已经不见，在不远处的引水渠上建有一座水闸，以白门楼命名。

这里到底是不是当年那座溅上吕布颈血的白门楼？我们还要梳理一下白门楼的前世今生。

春秋时期宋襄公始建下邳城。因南门皆是以白石砌筑，故称白门。

江苏省徐州市睢宁县古邳镇白门楼水闸

也有一种说法认为白门楼是下邳城的西城门，因在中国五行理论中西方属金，其色为白，故称白门。

自吕布魂魄散去之后，白门楼再次受到关注是因为西晋时期的石崇修城。清乾隆年间《邳州志》载："城有三重，大城周十二里半。中城周四里，吕布所守也。

小城周二里许。西南又有一小城，周三百七十步，晋太仆石崇所筑。今皆烟没。"清光绪年间《睢宁县志》载，西晋元康五年（295），巨富石崇为征虏将军，镇守下邳，于任上曾用白玉重修白门楼，并亲题门额。

且不说石崇是否真的如此奢侈，以白玉砌筑城门，即使果有此事，他所砌的也应是魏晋下邳城城门。清代地方志明显将东汉下邳城与魏晋以后的下邳城混为一谈了。这种错误是如何形成的呢？北魏郦道元《水经注》载："泗水又东南迳下邳县故城西，东南流，沂水流注焉。""南门谓之白门，魏武擒陈宫于此处矣。中城，吕布所守也。"

一个"故"字表明郦道元的认知非常清楚，他所讲的白门位置就在东汉下邳城白门故址。而到了唐代之后，黄河逐渐夺泗水河道，水患连连。东汉下邳城屡遭淹没，于地表踪迹难寻，人们逐渐忘记了它的存在。清康熙七年郯城发生大地震，在魏晋下邳城基础上叠建起来的明清下邳城也被震毁，逐渐化为乡村田野。此后，人们只知道此处是下邳故城，却不知它的年代，逐渐也就将它和那座东汉下邳故城混为一谈了。今日白门楼水闸所在的位置，也就是后人对白门楼位置的一种传说认定而已。

吕布在白门楼下先被缢杀，后其首级被割下，传往许都。身首异处的吕布其遗骸下落如何，在史书上没有记载。但在今天的河南省焦作市修武县郇封镇小兰封村北边的田野中却有一座古冢，被当地人称为吕布冢。这里到底是不是吕布的墓？如果是，又何以在徐州、许昌等地的千里之外？这确实令人费解。

我走访小兰封村村民，他们也是只听说此冢为吕布冢，却拿不出什么有力证据，也没有相关民间传说。有人认为，吕布与河内太守张杨交情深厚，焦作市修武县属河内郡，吕布冢在此也许和张杨有一定关系。但张杨先于吕布被杀，这种说法恐难立足。

我个人认为，吕布墓在此也不是完全没有可能。吕布刺董，为朝廷立下大功，对此汉献帝应有所感念。以曹操之心胸，他从不为难失败的对手，更何况是已经去世的对手。故此献帝与曹操礼葬吕布是有可能的。安葬的地点，根据惯例一是原籍所在地，二是封地。吕布的原籍在今天的内蒙古自治区包头市九原区。汉末大乱，朝廷无暇顾及边境地区，此地已重入匈奴的势力范围，吕布回葬原籍的阻力较大。吕布生前获封温侯，采邑

河南省焦作市修武县郇封镇小兰封村的疑似吕布冢

即河内郡温县，所以他被安葬在温县周边是有可能的——而这座疑似吕布冢，恰恰在温县附近。

汉代温县故城遗址在焦作市温县招贤乡一带。距这座疑似吕布冢约50千米。在东汉时期，温县是人文荟萃之处。1974年，人们曾在温县故城遗址北部发掘出一座东汉铸铁遗址，出土叠筑泥范500余套。这些泥范所用于铸造的器物有马衔、铁权、轴承等，是经济、军事领域的重要物品，且其精度非常高，很多零部件可以互

换；因是叠铸，可以批量生产，生产效率也很高。这反映了温县铸铁工艺的高度发达。温县还是司马家族的聚集地，司马懿便在温县故城长大，这里因此被称作司马故里。

　　吕布是董卓之乱以后，汉末诸雄中第一位有可能控制中央的诸侯，同时也是汉末诸雄中最具军事才能的诸侯之一。这种军事才能不单单表现在其个人勇力上，他统帅骑兵的作战艺术和坚壁高垒的防守才能也显而易见。但吕布也是汉末诸雄中，第一位被兼并的大势力诸侯（指至少能占据一州的诸侯）。这种强烈的反差多半是吕布的性格缺陷使然。

　　正如《三国志》的作者陈寿所说：

河南省焦作市温县招贤乡温县故城遗址

　　吕布有虓虎之勇，而无英奇之略，轻狡反覆，唯利是视。自古及今，未有若此不夷灭也。

　　最后我想再谈谈陈宫。陈宫本是曹操集团的元勋，但也曾险些让曹操的霸业付之东流。看着这样一个人被缚在面前，任由自己处置，曹操只是笑曰："今日之事当云何？"陈宫淡淡地说："死自分也"。

曹操打出亲情牌，希望陈宫萌发恋生之意："奈卿老母何？""若卿妻子何？"

陈宫却不为所动："老母之存否，在明公也。""妻子之存否，亦在明公也。"

陈宫决意赴死，趋步而出，左右不可止。曹操流着泪送他行刑。"（陈）宫不还顾"，至死没有回头看曹操一眼。

陈宫死后，曹操厚待其家眷。

在下邳故城遗址以南，有一座留侯祠。汉初的留侯张良至今仍在其中享受着香火。在距留侯祠不远的小沂水上，有处古圯桥遗址，张良曾在此三次向黄石公进履。我站在小沂水边，望着圯桥，突然想到李白曾伫立桥头，留下诗句："我来圯桥上，怀古钦英风。唯见碧流水，曾无黄石公。"黄石公是张良生命中的重要角色，但成就张良的不只是黄石公，更重要的是刘邦。

陈宫久守下邳，他一定也曾站在我的位置远望过圯桥，想起本朝先贤和高祖的故事。以陈宫之智，他当然知道吕布不是刘邦，也知道谁最接近于刘邦。但是他为什么至死不回顾一眼？

或许，就是因为每个殉道者都长着一条"强项"吧。

圯桥远景

十

谁是英雄

北京、雄安，汉末幽州的铁血往事

曹操原本认为夺取了徐州，便控制了兖州、豫州、徐州这三州之地，从而同控制冀州、青州、并州的袁绍形成均势。没想到就在曹操与吕布大战下邳之时，袁绍也开启了一场针对幽州公孙瓒的歼灭之战。最终，袁绍困死公孙瓒，兼并幽州之地，在所占大州数量上依然压制着曹操。

前文我们着重介绍了曹操、刘备等人的发展，忽略了对汉朝北境幽州之地的关注。提到汉末时期的幽州，必谈公孙瓒。然而同其他诸侯动不动就有"州牧""刺史"的光环加持不同，公孙瓒并非幽州行政主官，在他的上头还有幽州牧刘虞。刘虞是徐州郯城人，光武帝刘秀之后，入仕以来，颇具名望。袁绍甚至曾经一度想立其为帝。

中平五年（188），刘虞出任幽州牧。公孙瓒是幽州的骑督尉，刘虞的属官。幽州治所蓟城在今北京一带。周武王灭商后，封尧帝后裔为诸侯，在今北京附近筑城。城中西北角有一土丘，其上长面满了蓟，故被称为蓟丘，此城便被称为蓟城，国为蓟国。

武王分封时，将弟弟姬奭分封到燕山之野，是谓燕国。后来燕国逐渐发展壮大，吞并了蓟国，并以蓟城为其都城。此后蓟城一直是中国北方最重要的城市之一。关于蓟城的城址，长期以来人们只知其在北京附近，但具体位置不能确定。

在北京市复兴门外大街有一个真武庙社区，今日这里已没有了庙宇，但根据名字很容易得知这里曾经有一座真武庙。

真武即玄武。根据中国古代城市东青龙、西白虎、南朱雀、北玄武的布局，真武庙应在一座城市的北方，但它所处的位置却在明清北京城西城墙之西。

这说明这座真武庙的历史应早于明清北京城，并位于某座被废弃的古城的北方。

我查阅资料，发现确实如此。这座真武庙始建于金代，坐落于金中都北门通玄门外的官道西侧。这条官道一直向北通到居庸关，再出塞通往大漠。当年连接大漠与中原的驼队在真武庙前南来北往，络绎不绝。

抗日战争初期，日伪政权在北京城西城墙上开了一个豁口，即后来的复兴门。由于真武庙挡住了进出复兴门的通路，于是日伪政权驱散了僧侣，拆毁了建筑，并将钟磬等金属器物掠走，回炉造了子弹，又"还给"了中国人民。

一座庙宇消失了，但其作为地名留存了下来，成为确定金中都位置的重要地标。

金中都的前身是辽南京，辽南京的前身是隋唐幽州城，隋唐幽

天宁塔影——天宁寺始建于北魏，初名光林寺，是蓟城的
重要佛寺，天宁寺塔建于辽代

州城的前身是蓟城——千年城址一脉相承。这个城直到元代忽必烈
在金中都以北新建元大都时才遭废弃。明永乐帝又在元大都以南、
金中都故城以东新建"京师"，最终确定了今日北京城核心区的位置。

20 世纪 50 年代以来，广安门一带曾出土了燕国宫殿建筑常用

蓟城纪念柱

的饕餮纹半瓦当；在宣武门、和平门一带人们发现了周代至东汉的陶井 200 多座。生活水井密布证明当时这里人烟稠密——既有宫殿又人烟稠密，自然能使人想到这里是燕都蓟城。

在白云观以西，原有一土丘，现已在城市建设中消失。此处被普遍认为是当年的蓟丘遗迹，也就是蓟城的西北角。《郡国志》载："蓟城南北九里，东西七里。"如按照汉代一里等于今天的 415.8 米折算，蓟城南北长约 3,700 米，东西长约 2,900 米。于是人们以此为坐标大体划定了蓟城城址的范围。在 1995 年，蓟城建城 3,040 周年之际，相关部门在广安门以内、护城河西岸建立了蓟城纪念柱作为北京建城之始的纪念。蓟城纪念柱的造型来源于石景山区老山北坡出土的东汉年间的秦君神道石柱。"秦君"是幽州刺史部的一个书吏。

当然蓟城城址的方位也存在异议。考古人员曾在蓟丘遗迹发掘出一段古城墙，按说这应该便是蓟城北城墙遗址。但人们随后却发现，在城墙遗址之下，叠压着三座东汉古墓，也就是说这段城墙的筑造年代不早于东汉。这让很多学者对东汉以前蓟城的位置有了新的思考，因而有了前蓟城、后蓟城之说。

这种观点认为，西晋之后的蓟城（后蓟城）城址和隋唐幽州城、辽南京、金中都一脉相承。西晋之前的蓟城（前蓟城）另有其址。然而这个所谓的前蓟城城址一直没有被发现。目前有石景山说、丰台说等观点，但都没有确凿的考古证据加以证明。而最后一个见到它的人，毕竟也已经去世将近两千年了。

东汉蓟城城址到底在哪里？这个问题也许我们可以问一问刘虞，这位曾经的蓟城主人。但当时他肯定无暇顾及今人的提问，因为他手下的那个公孙瓒正令他头疼不已——

刘虞性格敦厚软弱，公孙瓒阳奉阴违，刘虞却没有能力制约他，任由其到处唐突征杀。如此一来反而助长了公孙瓒的野心，他更加不将刘虞放在眼里。

公孙瓒与袁绍争夺冀州、青州失败之后，返回幽州图谋再起。

流经延庆区的妫河，河对岸的土台是古代烽火台残迹

在离蓟城不远处，公孙瓒另筑了一座堡垒，退守自保，饥饿之时便四处劫掠百姓，以致蓟城附近百姓怨声载道。刘虞乐施仁政，最重百姓疾苦，四方百姓流亡至幽州多赖其庇护，他怎见得了公孙瓒如此放肆。他数度请公孙瓒入蓟城，商议解决办法。公孙瓒称病不往。刘虞遂起杀瓒之心，发兵攻打公孙瓒的堡垒。临行时，敦厚的刘虞仍嘱托军士，只杀公孙瓒一人即可，切莫伤害百姓。

谁知刘虞仁慈掌兵多年，手下兵马虽多，却皆不善战；而他又爱惜民居，不肯以火攻城。公孙瓒的手下都是百战余生的亡命之徒，个个战斗力极强。几个回合下来，刘虞被杀得大败，不但没攻下公孙瓒的堡垒，还弃蓟城而逃，向北出今八达岭，退守居庸县城。公孙瓒穷追猛打，在居庸城下将刘虞擒获，带回蓟城斩首。

汉代居庸县城故址在今天的北京市延庆区城区。《水经注》载：

沧河又西，迳居庸县故城南，魏上谷郡治。昔刘虞攻公孙瓒不克，北保此城，为瓒所擒。

沧河即今妫河，今日仍从延庆城区缓缓流过，但汉代居庸故城已经湮灭无所察。

刘虞在幽州恩厚德重，很得人心。公孙瓒凭蛮力擒杀刘虞，官吏百姓莫不痛惜。由此幽州地区大乱，反公孙瓒的浪潮一波接一波。公孙瓒到处平乱，但始终没有真正控制幽州的局势。袁绍趁此机会挥兵北上，准备给公孙瓒最后的也是致命的一击。

正在此时，公孙瓒听到一首童谣：

燕南垂，赵北际，中央不合大如砺，唯有此中可避世。

公孙瓒认为这是上天指点他在燕南赵北之地选择一处作为据点，修建坚固的坞壁堡垒，以避战乱，等待机会东山再起。

公孙瓒先后受封为易侯、蓟侯。当初他恰恰是在自己的封地"蓟"附近修建堡垒，等待机会一举擒杀刘虞的。而"燕南赵北"正是他的另一处封地"易"，故他对童谣深信不疑。经过选址，他在当时易县境内的易水河边下大力气修建了一座坚固的据点。

公孙瓒的据点史称易京城或易京楼。"易"是地名，"京"是高大之义。这处据点不是一座楼，也不是一座城，而是几十座高楼形成的一个堡垒群。《后汉书》记载："盛修营垒，楼观数十。"楼内储藏有巨量粮食，楼外又有重重壕堑阻隔，公孙瓒觉得万无一失。但这样一来也造成了公孙瓒被动挨打的局面，对于袁绍的进攻，他只能躲在楼上消极防守。

铜墙铁壁成了自缚之茧。

袁绍在攻城时，采用了地道战术，使很多楼都塌毁了。这一手公孙瓒没有防备，他给其子公孙续写信求援："袁氏之攻，状若鬼神，梯冲舞吾楼上，鼓角鸣于地中，日穷月急，不遑启处。"希望其火速救援，并约定以起火为应。不想这封信被袁绍截获。袁绍将计就计，举起火来。公孙瓒以为援兵来到，率众杀出。结果中了埋伏，大败退回。公孙瓒自知不保，他残忍地杀死全家，然后引火自焚。

公孙瓒势力就此灭亡，只留下易京楼的残迹矗立在易水河边，听着萧萧风声。这些高楼即使过了一百多年，还是令后世枭雄心生忌惮。后赵建武四年（338），石虎率军抵达这里，见到巍峨雄壮的易京楼，担心有人据此叛乱，乃令两万人将城壁夷平。到了北魏郦道元撰写《水经注》的年代，易京楼只剩下"楼基尚存，犹高一匹馀"。

"一匹"约为 13 米，仅是楼基就如此高，易京楼的规模令人咋舌。易京楼的残迹直到民国年间仍然存在。《雄县新志》载："易京城在县西北十五里昝村。"

昝村这个白洋淀边上的小村落如今隶属于河北省雄安新区的容城县。现在在村中打听易京楼已经无人知晓，我只好围着村子仔细勘察，在村南村北发现了几处高出地面的巨大土台，有的地方早年夯土层遗迹还相对比较明显，可以看出是人为修筑的。但这里是不是易京楼的遗址，我不敢确认，还需要进一步的考古探掘。

南拒马河在村东自北向南流过，汇入白洋淀。南拒马河是易水的下游，"拒马"二字到了西晋才出现，因刘琨曾守于此以拒石勒的兵马而得名。在公孙瓒的年代，这里还只是叫易水。我来之时，正值隆冬季节，冰封河面，更觉易水之寒。昝村就在易水西岸，南离白洋淀大约五千米。

大约在一亿三千万年前，剧烈的地壳活动使今日的华北平原一带断裂下陷，浩瀚的大海直逼太行山麓。从太行山上倾泻而下的洪水携裹着大量泥沙填入大海，最终铺成了华北大平原；一些尚未填平的洼地成为巨湖：古雍奴薮。随着冲积的继续，古雍奴薮逐渐变小，形成了白洋淀。

在汉末，白洋淀洼淀相连，是一片泽野，面积比现在广阔得多。昝村处于易水入白洋淀的水口，既有充沛的水源，又能限制敌军的铺展，若想负隅据守，这里确实是上佳之地。

可是不论开展什么事业，都如同逆水行舟，不进则退。几句小儿语，就被公孙瓒当作了救世箴言。曾经纵横幽燕的白马将军居然

昝村村东的南拒马河即古之易水下游。隆冬季节，冰封河面，更觉易水之寒

画地为牢，最终落得身死家灭，为天下笑。宋代苏辙曾做《鄚坞》诗，将公孙瓒与董卓比为一类：

> 董公平昔甚纵横，晚岁藏金欲避兵。
> 当日英雄智相似，燕南赵北亦为京。

公孙瓒只能与董卓之流相提并论，而与他的老同学刘备则相距甚远。

刘备是在许都得知好友公孙瓒覆亡的消息的，此时的他虽也是画地为牢，却绝不甘心就此避世。

冤，也不冤，

许田射鹿引发的千古公案

　　吕布被擒杀后曹操没有将刘备留在徐州，也没有让其继续驻守小沛，而是将他带回了许都。在《三国演义》中，刘备就是于此时在许都见到了汉献帝，痛说"革命家史"，而被汉献帝认为皇叔的。正史中没有这一记载，"刘皇叔"这一称呼仅存在于民间。不过桃园三兄弟还是捞取了巨大的政治资本，刘备被任命为左将军，关羽、张飞皆拜中郎将。曹操待刘备也颇为礼遇，史称"出则同舆，坐则同席"。但这一切并能不让刘备满意。刘备希望得到的是自由——自由的发展空间，而这正是曹操绝不肯给予的。

　　曹操不但不能给予刘备自由，甚至他身边的多数谋臣都主张杀掉刘备，以绝后患。曹操经过深思熟虑还是做出了自己的判断："方今收英雄时也，杀一人而失天下之心，不可。"曹操的大志使刘备处于危险境地；曹操的大志也使刘备处于安全境地。历史的辩证法总是令人觉得妙不可言。

刘备在许都的时间不长，也就是数月，但经历不少，可谓跌宕起伏，险象环生。其中最被人津津乐道的有三件事，其一，"许田射猎"；其二，"衣带诏密谋"；其三，"青梅煮酒论英雄"。

在《三国演义》中，"许田射猎"是曹操代汉之志的第一次表现。曹操用汉献帝专用的金䥭箭射中一头鹿，群臣众将皆以为是天子射中，山呼万岁。曹操却一提马缰，领受祝贺。关羽看在眼里，欲为国杀贼。刘备投鼠忌器，害怕伤及天子，阻止了关羽的行为。"许田射猎"是桃园三兄弟平生最接近铲除曹操的时刻，但是他们却因种种原因隐忍未发。

"䥭箭"是指箭头较薄而阔、箭杆较长的一种箭，是皇帝行围射猎时的用箭。《清会典图》载："皇帝行围箭二，杨木为笴。其一䥭箭，长二尺九寸，铁镞长二寸五分，阔一寸三分。""笴"指箭杆。

《三国演义》中的"金䥭箭"是根据明清皇帝用的"䥭箭"想象出来的。加个"金"字显得大气，大概意思是箭杆有错金、髹金或贴金的装饰。其实真正的"䥭箭"箭杆更大气，《清会典图》中也有介绍："（䥭箭）笴首饰黑桃皮，皂雕羽，羽闲朱，括髹朱，旁裹绿茧。"绝不是

射鹿台遗址

笔者藏汉画像石拓片中田猎射鹿的情景

一个"金"字可以概括的。

"许田射猎"在正史中有记载，但剧情却与演义小说有较大不同。许田在汉魏许都故城以北大约 17 千米处，因上古高士许由曾带领族人在此耕种而得名。如今这里是大片的耕地，上面零星点缀着几处村庄。在汉末，这里的耕地还未被开垦出来，是水草丰美、一望无垠的猎场。

曹操与桃园三兄弟确实曾在此围猎，但汉献帝并未参与，也就更谈不上曹操用天子的金铊箭射鹿并领受"万岁"之贺了。裴注《三国志》引《蜀记》记载：

> 初，刘备在许，与曹公共猎。猎中，众散，羽劝备杀公，备不从。及在夏口，飘飖江渚，羽怒曰："往日猎中，若从羽言，可无今日之困。"备曰："是时亦为国家惜之耳；若天道辅正，安知此不为福邪！"

关羽想趁曹操的随从去追捕猎物的机会刺杀曹操，刘备没有同意。刘备解释称，欲为国家珍惜人才，给曹操一个改过自新的机会。

这恐怕不是刘备本心——应该说曹操随从众多，即使当日关羽得手，桃园三兄弟也很难全身而退；即使他们可以侥幸逃脱，刘备不但不能代替曹操，他十几年所积累的政治地位还将因此丧失。这是一笔风险极高又得不偿失的买卖，刘备是不会做的。刘备的大志使曹操处于危险境地；刘备的大志也使曹操处于安全境地。历史的辩证法再一次展示了它的奇妙。

在今日许昌市建安区陈曹乡许田村以西的田野中有一高台，当地人称之为射鹿台，这里据传便是许田射猎之处。《许昌县志》载："射鹿台，在许田西三里。"台高大约 5 米，我沿着石径上台，台上是平整的农田，田里的红薯已是葱绿一片。

站在台上向四野远眺：芊芊青陌、点点炊烟，许田的全景一览无余。偶尔有车辆沿着乡村公路闯入画面，为这田园美景置入了一

站在射鹿台上向四野远眺，许田的全景一览无余

丝动感，也让我从天际转回目光来。

　　这时一位老人扛着锄头，踱步上台，我上前和他攀谈。老人姓袁，是射鹿台下的袁庄人，射鹿台上的土地属于袁庄村的集体耕地，现已经分配给他耕种。

　　老人告诉我，袁庄村民皆是袁姓，他们的祖先于明初自山西洪洞县搬迁至此，起初仅在射鹿台下搭了一个窝棚，开荒耕种，艰苦度日，后娶妻生子，逐渐繁衍成村落。

　　我不禁心中暗笑，当初曹操与袁绍争得你死我活，百代下来，曹家的射鹿台已经成了袁家的自留地了。

　　袁庄村里人传说，这座射鹿台是曹军士兵战靴中的土堆积而成的。曹操带领士兵在许田打猎，每个人靴子中都进了土。大家将土倒出来，居然堆成了射鹿台。

　　村民以这个故事夸张地形容曹军极多，军容极盛。那么射鹿台究竟是曹操所建，还是如同很多文化遗存一样，只不过是后世所建

笔者藏汉画像石拓片，一幅画面中自右及左云集了"射""鹿""台"三种意象，甚是有趣

的纪念性建筑呢？答案可能令人意想不到——射鹿台的历史远远早于曹操生活的年代。

据考古发现，射鹿台的表层是耕土，耕土之下是一座汉墓，早年已被破坏，出土有空心画像砖和陶制明器等。其中有一块画像砖上绘着一人手持长矛，右侧有隶书"冻元亭长"四字，墓主人可能曾任此职。"冻元亭"在何处我没有考证出来，现山东省聊城市东昌府区梁水镇有冻元村，我在考察过程中曾经路过，但不知道其与汉代的"冻元亭"有没有关系。

汉墓之下是龙山文化遗存，厚度为 3 至 5 米，曾出土了圆口尖唇黑陶罐等遗物。龙山文化的时间在公元前两千多年以前，也就是说远在曹操来到这里之前，射鹿台就已经存在了。

"射鹿"具有强烈的象征意义。当年"秦失其鹿"，天下共逐之，最终被刘邦获得了。如今，刘邦的子孙也要"失鹿"了，而谁能得之？"鹿"最终被曹操射中了。

在射鹿台前原有两座古碑，一为清康熙年所立，另一为清乾隆年所立，可惜今已不存，据说被村中人做了铺桥石。

我查阅文献，得知其中那座清乾隆年所立石碑上有碑文曰：

许田射鹿其事，不见于经史，岂陈寿辈为曹讳也！然关侯尝语先主曰："许田猎下，若从某言，必无今日之厄。"是则实其事矣。

得，看来曹操是说不清楚了。后人一口咬定说"有"，当事人也没力气张嘴说"无"了。这场猎打的，惹上了两千来年的官司。可那有什么辙呢——鹿肉是真香啊。

刘备这位重量级枭雄寓居许都后，不但为曹操所重视，也被暗中反曹的势力所重视。

汉献帝刘协此时已经是一位十八岁的青年人，他已不满于自己的傀儡身份，希望借助身边的力量除掉权臣曹操。谁是可以依靠的力量？不是宦官，就是外戚——献帝又回到了他祖先的老路上。

而当时宦官势力已被袁绍涤荡，那么剩下的就只有外戚了。献帝刘协绕开曹操，突然任命自己的岳丈董承为车骑将军。董承被很多人误以为是国舅，其实他是国丈。《后汉书》记载，"董承女为贵人"。车骑将军是仅次于大将军的武官，因为大将军袁绍远在河北，车骑将军便成为许都名义上的最高军事将领。曹操本是"行车骑将军事"，也就是代理车骑将军，汉献帝这样做等于是收回了曹操的这一军权。可以想见，这对曹操的威胁有多大。

不但如此，汉献帝还亲手写了一份诛杀曹操的诏书，暗藏在衣带中，赐给董承。董承得到密诏后，知道刘备素有英雄之志，绝不是久居人下之人，便去与其联络。刘备正想诛曹，苦于没有借口，而皇帝的密诏是金字招牌，得了衣带诏，即使暂时无法下手，将来纵横驰骋，也就出师有名，占据了舆论高地。所以刘备欣然受命，甚至忘记了其中的危险。与董承、刘备同谋的，还有长水校尉种辑、将军吴子兰、王子服及议郎吴硕等人。然而这些人既不掌握实权，又不在关键岗位，也就只能站脚助威，捧个人场而已。

正在他们紧锣密鼓地谋划之时，一日，曹操突然招刘备前去赴宴，刘备顿感紧张。酒席宴前曹操对刘备说："今天下英雄，唯使君与操耳，本初（袁绍字）之徒不足数也。"刘备听闻此言，心中一震，不觉筷子掉落地上。

偏巧此时天上打一惊雷。"一震之威，乃至于此。"刘备装作受到雷声惊吓，轻描淡写地掩饰过去。

刘备"闻雷失箸"的故事被后世演绎成"青梅煮酒论英雄"。今日在许昌城灞陵桥畔，建有一座青梅亭，便是纪念这个典故。至于曹操与刘备进行这次著名会晤的地点，已经无法寻觅，但世传其在曹操府邸的西院。

可以想见曹操的府邸，一定在许都故城之内。但在今日许昌市内有一著名景点，叫作曹丞相府，据说是曹操的府邸原址。今日的许昌市区是汉魏时期的颍阴县城，距离许都约十几千米。曹操府邸为何会在这里？景点的导游解释说，颍阴是曹军的重要营地，曹操经常于此处理军机大事。这一说辞显然过于牵强。颍阴作为许都的卫星城，曹操到过此地应是确有其事，但若以此就认为曹操的丞相府坐落在这里，那天下的"曹丞相府"岂不多矣？

许昌灞陵桥畔的青梅亭

青梅亭内"闻雷失箸"雕塑

笔者藏汉画像石拓片——两人在亭内
对饮，曹操与刘备煮酒论英雄大概就
是这个样子

传说中刘关张三兄弟曾同时系马的三
姓柏

　　曹操的府邸在许都故城，刘备当年韬光养晦、种菜灌园所居的左将军府邸亦应在许都故城，如今这两处都已寻不见了。但在许都故城西北数百米的门道张村有一座张公祠，据村民传说，此处在汉代是一处驿馆，桃园三兄弟曾在此居住。门前有一株三姓柏，今已枯死，传说三兄弟曾同时系马于此。

　　这处馆驿后来成了祭祀桃园三兄弟的祠庙，主要奉祀张飞，因而称张公祠。现祠中有明嘉靖七年（1528）的重修汉司马张公祠碑。桃园三兄弟中，张飞在许都的事迹最少，而这处祠庙居然主祭张飞，着实令我有些惊讶。

　　对此感到惊讶的不止我一人，还有清代嘉庆年间一位叫作包敏的许昌知府。但人家是当地父母官，绝不像我只能惊讶了事。这位

许都故城外的张公祠

包大人以张飞功德不显、不应受此殊荣为由，将张三爷的神像请走，并将本族先贤包青天的塑像搬进了正殿。包大人"假公济私"，张公祠就成了包公寨。

怎么不叫包公庙或包公祠，而叫包公寨呢？寨门的台阶上坐着几位当地的老人，他们你一言我一语地对我解释：清朝末年这一带闹土匪，老百姓把这里修成寨子，据守自保，于是就称之为"寨"了。

一位老人对我说，寨中有一宝物，叫作风雨石，就镶嵌在寨门的拱券洞上。说着他带我去观看：一旦天要下雨，这块石头就会渗出水来。

这倒并不稀奇，阴雨天气空气湿度必然大，门洞内寒凉，而这块石头的导热系数比周围的墙砖高，自然就比墙砖更寒凉，因此空气中的水汽容易在石头上凝结成水滴，这大概就是风雨石的秘密吧。

吸引我的，不是风雨石，而是风雨石周围那些看似不怎么稀罕的墙砖。仔细辨别，它们居然都是地地道道的汉代墓砖，我粗略计算了一下，有四五千块之多。许都故城周边多汉墓，千百年来，百姓在耕作过程中有意无意地将汉墓破坏，墓砖就成了二手的建筑材料。人们用墓砖砌了张公祠，也算是给予了它们第二次生命吧。

曹操在宴席上对于天下英雄的界定是有意试探刘备也好，是无意间的真心流露也罢，都让刘备在许都如坐针毡，度日如年。他深知，在短时间内，献帝衣带中的诏命几乎是不可能完成的任务，自己必须早日脱离虎口，留住青山，徐图发展。

无巧不成书，偏偏此时已在淮南走入穷途末路的袁术攒足了最后一点力气，由南向北穿越徐州，想要投奔哥哥袁绍。曹操认为，二袁合兵将提升对自己的威胁，他要派一得力之人在中途拦截袁术。

刘备久占徐州，又曾多次与袁术鏖兵，既熟悉地形又熟悉敌情，是上佳人选。曹操头脑一热，派刘备典军出征，到下邳去截击袁术。

刘备前脚刚走，程昱、郭嘉、董昭等人就七嘴八舌地劝说曹操，刘备不可纵，假刘备以军权，必生事变。曹操也有些悔悟，想派人追回刘备，但此时刘备已是将在外君命有所不受了。

曹、刘一别，从此成了一生的对手。不久之后，衣带诏事发，董承被夷三族，其他同谋者悉数被收斩。

根据当时法律，即使董承被灭族，他已出嫁的女儿也不应受到牵连——已婚女人属于丈夫家族，已和娘家脱离了族属关系。但是曹操连董承的女儿——汉献帝的贵人都没有放过，将其从皇宫中拉出来杀掉了。当时董贵人已身怀六甲，汉献帝虽数次在曹操面前为其求情，仍未幸免于难。

据许昌本地传说，这位不幸的女子叫作董琳。今许昌市东郊有一座董妃墓，据传便是她的坟茔。如今这里已被开辟成一座叫作董妃苑的街角公园。古墓就静静地躺在公园里面，封土上面长满了草木，郁郁葱葱，将这本应充满哀怨的孤坟装扮成一方青冢，向着黄昏。

许昌市东郊的董妃墓

刘备以截击袁术的名义逃离樊笼，避免了同董承一样的命运。

在徐州，刘备与袁术相遇。今非昔比，袁术再也不是那个纵横淮南的袁公路，而是真真正正成了一具毫无还手之力的"冢中枯骨"。袁术无法通过徐州，只好退回淮南坐以待毙。

袁术的伪都寿春在今天的安徽省淮南市寿县。这里是战国时期楚国的最后一座都城，也是东汉时期的扬州刺史部驻地、汉帝国在淮河以南最大的城市。寿春故城遗址的面积非常大，达到了 26 平方千米，现在的寿县县城仅为故城的东北角。

在《三国演义》中，曹操讨伐袁术的寿春之战是被浓墨重彩描写的重大战役，其中以曹操向粮仓官王垕借人头的故事最为出名。而在历史上这场战役并不存在。袁术称帝后，曹操确实曾去征讨，也确实将袁术杀得大败，但曹操是临淮而止，并没有渡过淮河到达袁术统治的核心区，更不要说攻打寿春了。

寿县古城墙今天看来仍然巍峨雄壮，它是全国保存最完好的七大古城墙之一。当然，今天我们看到的外包砖石墙皮是宋代以后直到明清所反复修筑的，而非汉代城墙——汉代是不可能有包砖石城墙的。

因一次偶然的机会，我听说 2010 年上映的大型电视剧《三国》中唯一一个全景攻城场面就是曹操攻打寿春城，于是很有兴趣地找来想要一饱眼福。平心而论，战争场面确实震撼——画面中那座砖石砌筑的城墙"明清感"十足，诸多身着汉代甲胄的武士拿着汉代的矛戈去冲击一座"明清"的城池。这种错乱的效果就像一群春秋战国的兵车贸然闯入了二战时期的战场——能不震撼吗？

在三国时期，寿春发生的真正大型战役是曹魏末年司马昭征伐诸葛诞之战。这场战役双方动用的真实兵力大约有 50 万，是整个三国时期动用兵力最多、规模最大的战役。当然，那是曹、袁之战半个世纪之后的事了。

袁术既然没有受到曹操的致命攻击，又为何会轻易败亡呢？这还要从《三国演义》的一处情节说起。

在与曹操"青梅煮酒论英雄"时，第一个被刘备拿出来做挡箭牌的英雄就是袁术。刘备说："淮南袁术，兵粮足备，可为英雄？"此语一听便是后世小说家之言，并不符合史实。

与袁绍、曹操、刘表等军阀相比，袁术是当时军粮最不足备的诸侯。早在建安二年冬季，淮南地区因旱情影响遭遇了大饥荒，史称"士卒冻馁，江淮间空尽，人民相食"，江淮地区到处有人吃人的惨景。加之叛汉造成众叛亲离，引起周边势力的讨伐，袁术集团

寿县古城墙

已经陷入空前的困顿。若不然，以袁术高傲的性格，也绝不会上演"北投袁绍"的一幕——要知道他一直将袁绍当作"吾家奴"看待。

即使北投袁绍，袁术也是将粮仓不知扫了多少遍，才勉强凑够了通过徐州的干粮，准备一到青州境，就靠吃侄子袁谭的救济了。经过刘备的拦击，待袁术折返回到淮南时，军粮已经耗尽，仅仅剩下麦屑 30 斛。

寿县古城北门——靖淮门

注意，不是麦子，是麦屑。袁术一个富家公子哥儿，哪咽得下这些剌嗓子的粗粮。他让"御膳房"准备蜜汁解渴。然而"皇帝"这个小小的要求居然没有得到满足。袁术叹息良久：我袁术怎么就混到了今天这步田地！说完大叫一声，呕血而亡。

袁术去世后，是否有墓葬存留，如果有，墓葬又在哪里？这恐怕是袁术这位曾经雄霸一方的乱世强人留给世界最后的问题了。

在今天淮河以南的土地上，大约有两座袁术墓。一座位于安徽省淮南市谢家集区孤堆回族乡蔡圩村阎家小集。在一条生产路的北侧有一座荒冢，被当地人称为袁术孤堆，因"袁"与"严"、"术"与"氏"发音相似，又作严氏孤堆。在这一古墓的文保碑上，只写明其为战国至汉代高等级贵族墓葬，并没有明确这里就是袁术墓。"袁术墓"只是当地人的传说而已。

传为袁术墓的严氏孤堆

另一座袁术墓在江苏省扬州市宝应县，可惜这座墓葬早已不存，仅剩地方文献记录中的只言片语，但所记方位颇有出入。

清代顾銮所编《广陵览古》中记载袁术墓在县治以南三百步处，墓前曾有雕工精美的石碑。今墓与碑皆已不存。另一说则认为它在宝应县

治以北——曾有人于此处掘得
一铁棺，上有"袁术"字样。
还有一说认为它在宝应县氾水
镇。清代《宝应名胜纪略》记载：
"在氾水镇南数武，高阜临河隈，
相传为袁术墓。有河夫挖土帮
堤，深三四尺见砖门，垂首望之，
内有铁棂，空而黑，不知其几
何深也。"这座墓葬在1958年
拓宽大运河河道时曾被挖掘，
并出土了一对通体贴金箔的猪
型石握，确实是东汉遗物。

严氏孤堆文保碑说明，只将其定性为
"战国至汉代高等级贵族墓葬"

淮南与宝应的袁术墓究竟孰
真孰假？经过考察，我只能很遗憾地说，应该都不是真的。

袁术孤堆，因离伪都寿春仅仅十几千米，看上去颇为真实。但《资
治通鉴》载，袁术去世后，"术从弟胤畏曹操，不敢居寿春，率其
部曲奉术柩及妻子，奔庐江太守刘勋于皖城"。袁术残部自知寿春
难守，便由袁术的从弟袁胤率队，扶着袁术的灵柩，向南投奔袁术
故吏刘勋，退守皖城，即今天的安徽省潜江市附近。袁术根本没有
葬在寿春，寿春附近又怎么会有袁术墓呢。

退一万步讲，即使袁术真的葬在寿春附近，也不会有墓葬存留。
袁绍、曹操、刘备、吕布、刘表等诸侯虽然纷争不断、屡动干戈，
但他们名义上都是大汉臣子，他们的矛盾在表面上看只是政见不合，
故而一方失败之后，受到对手的礼葬是有可能的。唯独袁术，他是
冒天下之大不韪僭越称帝的乱臣贼子。曹操控制寿春之后，一定会

对其掘墓暴尸，因此其尸体的下场应比董卓更为可悲。这也是袁术残部撤退时带走其灵柩的原因所在。至于袁术孤堆古墓为什么被传成了袁术墓，我想也同上面所说的发音相似有关。也许这里本是某个严氏族人之墓，后被讹传成了袁术墓。

与袁术孤堆相比，宝应袁术墓之说更不可靠。史料中根本没有袁术残部去过宝应的记载。袁术灵柩的最后落脚点是皖城，而宝应在皖城东北数百千米外，且紧邻徐州，受到曹操势力的辐射，并不安全。袁绍的部将怎么会将灵柩颇费周折地长途转运，埋葬到一个并不安全的地点呢？

袁术残部到达皖城后没多久，江东孙策奇袭皖城，吞并了这支队伍。袁术集团残存的成员大都转投孙氏，成为孙吴的开国元勋。袁术的女儿还成为孙权的夫人。这位袁夫人节操、品行都很好，颇受孙权宠爱，只可惜她并不生育。孙权屡次将其他姬妾所生之子交给她抚养，但说来也怪，孩子到她手里就会夭折。后来孙权称帝，欲立袁夫人为皇后，袁夫人因无子嗣，推脱不受。若非如此，袁术的外孙是有可能成为吴国皇帝的。后来孙权还将袁术的一个孙女配给自己的儿子孙奋做妻子，延续着与袁家的联姻。

我个人认为，如果袁术有墓葬存留，应在皖城或皖城周边孙吴势力范围内的某个地区——这一带在汉末战乱后，始终没有纳入东汉朝廷的直接管辖区。孙策曾是袁术的部将，孙权又是袁术的女婿，孙吴政权还是可以保证袁术有一块埋骨之地的。只不过这块埋骨之地已经沉入历史的波涛，无迹可寻了。

我想，墓葬的消失反而是一种归于安宁的保障。前些年被人将头盖骨拿去做研究的曹操，是不是应该有点羡慕袁术呢？

十一 千里走单骑

曹营十二年？

大概也就十二周

　　放下"冢中枯骨"袁术不提，翻回来我们再说刘备。刘备在下邳成功截击袁术后，杀曹操所置的徐州刺史车胄，据城而反。他留下关羽做下邳太守，自己则返回小沛驻扎，与关羽遥相呼应。徐州很多郡县闻得刘备回归，纷纷背叛曹操转投于他。刘备大有恢复徐州之势，随后派遣孙乾出使冀州结好袁绍，相约共同对付曹操。

　　此时已到建安五年初，官渡之战爆发在即，黄河一线已是战云密布。曹操因自己一时疏忽放虎归山而懊恼不已。若不先解决徐州的问题，曹操必将在与袁绍的决战中腹背受敌。故此，他先稳定住与袁绍的前线形势，找了一个空隙，疾速挥师东进，准备在旬日内解决掉刘备的力量，扫清后方。

　　这一次，犯错误的人换成了刘备。刘备认为曹操正同袁绍在黄河一线对峙，即使他在徐州虚张声势，曹操也无暇东顾，故而放松了戒备。没想到眨眼间曹军已经兵临城下。起初刘备根本不相信曹军已至，他亲自带领数十骑兵出城探查。待望见曹操的旌旗，刘备惊慌失措，弃众而走，根本没有回城做有效抵抗，而是落荒而逃，径直向北投奔青州的袁谭。

曹操很顺利地进驻小沛，掳获刘备家眷，随后攻陷下邳，擒俘关羽。

作为刘备集团的首席大将，关羽一生曾被曹操、孙权分别擒获，最终丧师失地，身首异处。但这些败绩丝毫没有影响关羽在人们心目中的地位，反而使他的形象越发高大，熠熠生辉，由侯而王，由王而帝，直至成为中华武圣、协天大帝、伽蓝菩萨，被儒、道、佛三家所共尊。这是一个非常有趣又值得玩味的文化现象。

关羽的"反败为胜"是由"屯土山约三事"开始的。关羽被困在下邳城外的土山之上，张辽奉曹操之命前来劝降。关羽以三事相约，曹操如若答应，他方肯投降。第一，降汉不降曹；第二，用刘备的俸禄赡养两位嫂夫人；第三，若知刘备去向，不管千里万里便当辞去。曹操斟酌再三，欣然接受。关羽这才保护两位嫂夫人进入曹营。

不像战场上的跃马抡刀，抢关斩将，"屯土山约三事"本是败军之际的无奈之举，然而却能既承认关羽投降的史实又无损武圣尊严，化被动为主动，化失败为胜利，化耻辱为荣誉，化腐朽为神奇。"屯土山约三事"可以说是民间文学改造历史、打扮历史、描绘历史的样本。

《三国演义》在明清流行以后，人们一直在寻找那座留下关王圣迹的土山。最终人们认定下邳城以北约10千米处的一座土山即关公"屯土山约三事"之处。这里就在今天的江苏省邳州市土山镇。

大约在《三国演义》问世百年后，明天顺三年（1460），人们集资在土山之上修起了一座宏大的关帝庙，以此纪念那次著名的约定。土山关帝庙自清代至民国经四次大修扩建，逐步形成了

土山关帝庙

三路四院的格局，拥有殿宇楼台百余间，号称全国第四大、江苏第一大关帝庙。

土山关帝庙的过人之处不在于拥有恢宏的关帝殿或春秋阁，而在于土山顶上几块乍看不起眼的顽石。其中的一块顽石上有圆形印记，传说是关羽战马所留下的马蹄印；另一块顽石上有一处圆形凹槽，正好容得一人的膝盖，被称作张辽跪印，传说张辽曾跪于此，请求关羽投降；还有一块长条形山石，传说关羽曾在此磨刀。

民国初年，辫帅张勋盘踞徐州，他手下一营人马驻防土山，营长勒索了当地土豪1,500块现大洋，在这几块山石旁建了一座马迹亭。不知怎的，马迹亭建好后，土山关帝庙便迎来了它的热闹岁月。

1938年7月，台儿庄战役的炮声还没远去，邳县青年抗日救国团义勇队便在土山关帝庙成立，华东敌后抗日斗争的一支有生力量就此诞生。"义勇"二字正是关羽精神的核心，这群热血青年在敌伪占区上演了一出真正的"身在曹营心在汉"。

大约在十年后的1948年11月，淮海战役刚刚打响，土山关帝

土山上的马迹亭

庙迎来了一位陌生人。他在这里住了短短十几天，整天在地图上比
比画画——在大约 10 千米外一个叫作碾庄圩的小村子，国民党最
精锐的黄百韬兵团便告覆没，被歼 17.8 万人，黄百韬阵亡。住在
土山关帝庙的那个人就是粟裕。

　　碾庄圩战斗是淮海战役中第一次大规模的歼灭战，为整个战役
定了一个基调。相信神龛上的古代"战神"目睹现代"战神"的战绩，
也会由衷钦佩吧。

　　从桃园三兄弟徐州失散到他们再次相聚，这段时间是从古至今民间讴歌关羽时的着力用墨之处。"两院别居""夜读《春秋》""斩颜良诛文丑""获封汉寿亭侯""挂印封金""灞桥挑袍""过五关斩六将""千里走单骑""古城训弟""撒刀斩蔡阳"——"红颈戏"最精彩的故事都发生于此时；中原大地上也留下了大量与之相关的文化遗存。

　　在演义传说中，关羽来到许都，在曹营待了十二年。曹操三日一小宴、五日一大宴，上马一提金、下马一提银，待之甚厚。但曹操故意安排关羽与他的两位嫂夫人同居一处府邸，希望他出现一些作风问题，哪怕只是流言蜚语也好，以使其再也没有颜面去见刘备。关羽则干脆用一道墙将一宅分为两院，自己在外院居住，除了晨夕问安，根本不进内宅，轻而易举化解了尴尬。

　　在今日许昌市区，有一座关帝庙，名曰"春秋楼"，又称"大节亭"。春秋楼创建于元代至元年间（1264—1294）——这是一个《三国演义》正在酝酿却还未形成的历史时期，因而它还是一座单纯的关帝庙。

关羽从不越过一步的"雷池"

在甘糜二后宫遥望问安亭

到了明清时期，这座春秋楼有了不同于其他关庙的特殊身份——人们认为此地是关羽身陷许都时的寓居之所，因而称之为"关宅"。

关羽所居的外院在西，内有春秋楼、关圣殿等建筑。关羽的两位嫂夫人所居的内院在东，正中有一座问安亭，传说是关羽每日向两位嫂夫人问安之处。问安亭以北的空地，关羽从不越过半步，故而被称作雷池。雷池以北便是关羽两位嫂夫人所居的甘、糜二后宫。整座关宅被称作"两院英风"，是清代许昌十景之一。

那么，关羽和甘、糜二位夫人究竟有没有在此居住？应该是没有过的。很明显的原因有两点。

第一，地点不对。现今的许昌市区是东汉颍阴县故城，这已是一个老生常谈的问题，不必再多讲。刘备的两位夫人应被曹操控制在许都，很有可能软禁在刘备的左将军府，而不会被迁至一座毫不相干的县城。

第二，时间上也无可能性。曹操于建安五年正月东征刘备，前后仅用十余日便大功告成，随后马不停蹄，迅速回到黄河一线布防。当年二月，袁绍出兵白马，白马之战随即爆发。这段时间曹操并不在许都，也没有史料记载关羽回了许都。根据关羽在战争中的表现判断，他一直跟随曹操左右，在军中效力，并没有时间在许都砌院墙、读《春秋》。关羽斩颜良后，亡归刘备，时间在建安五年五月前后。也就是说关羽总共在曹营待了大概三个月，而且一直在前线。若关羽真在曹营待上十二年，那连赤壁之战都耽误了。

那么，春秋楼就是"关宅"的传说究竟于何时形成？据现存于春秋楼内的明嘉靖三十五年（1556）《重修武安王庙碑记》载："许学东有关武安王庙……"其中仍未提到此处是关羽的寓所。又过了大约百年，清康熙二年（1663）《重修关圣帝庙大节亭碑记》载："州治东南隅相传为帝旧居址……"此时春秋楼已经被传为关帝故居了。在这一传说形成之后，人们将春秋楼进行改造，使其更加符合传说的内容。

很显然，将春秋楼附会为"关宅"正是明嘉靖到清康熙年间《三国演义》影响逐渐扩大的结果。现存《三国演义》最早版本为明嘉靖版，而现今通行的《三国演义》形成于清康熙年间——从嘉靖到康熙，正与春秋楼被传为"关宅"的历史节点相吻合，这应该不只是一种巧合。

颜良、文丑死法不同，死后遭遇更不同

曹操与袁绍两军在黄河一线对垒，对于是战是和，曹营内部颇具分歧。主和派以孔融为代表，他苦口婆心地劝说曹操不要与袁绍交锋，主要的一个理由是"颜良文丑，勇冠三军，统其兵，殆难克乎"；主战派的代表荀彧为了给曹操吃定心丸，则说"颜良文丑，一夫之勇耳。可一战而擒也"。

不管他们谁说的正确，也不论是抬高还是贬损，都可以从中看到颜良、文丑这两位袁绍麾下的头牌猛将具有左右曹袁之战胜负的能力。

建安五年二月，曹操携关羽等将士屯兵官渡（今河南中牟东北）备战。袁绍则率大军挺进黎阳。黎阳在古黄河北岸，其故址在今河

黎阳故城遗址

南省鹤壁市浚县黎阳街道河道村以东，215 省道将其分为南北两部分。但因为累世作为村庄，故城残存不多，只留下一些断断续续的低矮城垣遗址。如今很多民房就建在城垣遗址之上，如不做出抢救性保护，在快速的城镇化进程中，黎阳故城遗址恐怕很快就将在大地上被擦去。

黎阳境内有黎阳津，是当时人们南渡黄河的交通要道。袁绍在黎阳扎下大营后，遣大将颜良渡河，围攻白马。

"白马之围"在汉末历史上颇为著名，可以说是官渡之战的前哨战。至于历史为什么会聚焦到"白马"这个地点，还要从古地理的层面加以说明。在古代，白马泛指今滑县东北、古黄河南岸一带。由白马衍生出来的地名有白马城、白马县、白马山、白马坡、白马津等，若不对它们加以区分，就会令人一头雾水。

在"白马"系列地名中，最先出现的应是白马山。传说上古时候常有白马成群行于山间，白马悲鸣，黄河就会决口；白马疾驰，山丘就会崩裂。于是此山被命名为白马山。有了白马山，其他地名也相继而出。

春秋时期，人们在白马山下筑城，称之为白马城。秦代在此地建白马县。汉代白马县故城遗址就在今滑县留固镇白马墙村。我曾到此考察，因连年水患，地表之上已无任何故城的痕迹。我访问了村中故老，也毫无收获。但查阅相关资料可知，白马墙村地表之下曾经发现有古城墙遗址和各类文物遗存。曹丕建魏后，封其弟曹彪为白马王，封国就在此地。曹植为这个弟弟写过一首著名的五言诗《赠白马王彪》。在今广西，有很多人自称"白马移民"，言其祖先是自白马县迁徙而来，并保存有很多传说。这些人有汉族人也有壮族人，他们究竟于何时、由何因、经何路线自中原迁徙到遥远的

白马津附近的古黄河故堤遗址

大西南，是一个颇为有趣的研究命题。

白马津是白马县境内古黄河南岸的一座渡口，与北岸的另一座渡口黎阳津共同扼控黄河两岸。这对渡口在战争年代攻伐不断，留下多个经典战例；在太平年景又是商旅如梭，多有文人墨客留下脍炙人口的篇什。直到金明昌五年（1194），黄河改道南奔，千年古渡才被遗弃。

颜良渡过黄河抢占白马津，这是对曹操的公然挑衅和巨大威胁。若让颜良在黄河南岸建立桥头堡，大批袁军将源源不断渡过黄河。因而白马成为袁曹两军都要拼死争夺的"诺曼底"。

战役初期，战场局势对守方曹操不利。颜良军势大，将白马县城团团围住，曹操没有把握能够解围。就在此时，荀攸为曹操献上"声西击东"之计，让曹操率军到白马以西的延津佯装渡河，作出偷袭袁绍后营的架势，袁绍得知一定会分颜良之军前去阻止。此时曹操再轻装东进，突袭白马，则颜良可擒。曹操依计而行，战局的发展果如荀攸所言。袁绍果然分兵向西，而此时曹操已折返向东，以张辽、关羽为先锋奇袭颜良的驻地。关羽策马刺颜良于万军之中，斩其首。袁军大溃，白马之围遂解。

关羽斩颜良之地应在白马县城外，也就是今白马墙村附近。但《三国演义》中将关羽斩颜良之地设定为白马坡，即白马山的山坡，那么白马山就成了我的重点考察对象。关于白马山，人们一直没有找到它的准确位置，世传它在河南省鹤壁市浚县善堂镇酸枣庙村与马村一带。两村一南一北紧紧相连，村西是黄河故道，自西南向东北而去，如今已被开辟为农田。故道旁有黄河故堤遗址，但是这里看不到有山。如果白马山过去真的在这里，那么它消失的原因可能是，其只是古黄河岸边一座低矮的土丘，经过多年的洪水冲刷以及

"白马山"关帝庙　　　　　　"白马山"内的砖瓦遗存

人们修堤取土，被蚕食而尽了。

据传说，古白马山山顶就在马村正中央，如今这里还有一座高两三米的土丘，村人直接呼之为"白马山"。土丘顶上建有一座简陋的关帝庙。此庙宇虽简，却至少可以追溯到明嘉靖四十年（1561）——有史可查，当时人们曾修缮寺庙。而此庙始建年代更早，具体时间不详。关于此庙，民国年间《重修滑县志》载："庙宇巍然，威灵尚在，远而望之，苍松古柏森列于崇冈之上，风声怒涛，犹凛然有生气。"此庙后被付之一炬。我眼前的庙宇是近年来重修的，从满地的爆竹碎屑来看，祭祀颇为隆重。

我仔细观察这座"白马山"，从中看到了一些夯土的痕迹，有的断层处还裸露着砖石瓦块，可以想见这里并不是自然形成的山丘，而是某座古代建筑的遗址。具体是什么建筑，我不敢轻下结论。不过，后赵时期石勒手下大将逯明曾驻扎于此，依黄河之险，修筑了一座逯明垒。《浚县志》载，逯明垒址在城东 7 千米酸枣庙与马村之间，这座所谓的白马山很可能就是逯明垒遗址的一部分。

在马村东侧的麦田中，原有颜良墓，据说颜良被斩后，就地葬于此。很可惜这座墓葬已在 20 世纪 70 年代被平毁。我曾听到一种传闻：在颜良墓周边 15 里内不能有关庙，否则就会出现各种灵异现象——而眼前就明摆着有一座关庙。我向马村村民求证此事。他们笑着对我说那些都是无稽之谈，这里几乎村村有关庙，家家敬关公。而对于失败者颜良，村民同样非常敬重。他们认为颜良忠于职守，死得其所。颜良与关羽各为其主，并不存在个人恩怨——我想这也是关帝庙与颜良墓能在同村并存的原因吧。

袁绍初次抢滩登陆没有成功，还白白折损了大将颜良。他气愤已极，命令文丑和刘备火速渡河，追击曹操，誓要将曹操消灭在黄河一线。

此次统兵的人不止文丑一员武将，居然还有刘备，这一点值得注意。

刘备自从同关羽失散后，北走青州，投奔袁谭。袁谭将刘备护送至邺城，袁绍亲自出城迎接刘备，以示敬重。

袁绍攻灭了刘备的好友公孙瓒，刘备则阻止了袁术北投袁绍，并直接导致了袁术败亡。按理来说，刘备与袁绍二人本应不睦，但敌人的敌人便是朋友，在共同的敌人曹操面前，刘袁二人联合在了一起。

文丑之军同曹军在延津南阪交锋。曹操将辎重弃于路上，诱敌争抢，而后出其不意，大破敌军，阵斩文丑。刘备仓皇撤退。

整部《三国志》中，对于文丑的阵亡记录仅有"太祖击破之，斩丑"，短短几个字，并没有说文丑是被关羽所杀，《三国志·关羽传》中也只字未提文丑。可见文丑之死与关羽无关。

看起来非常袖珍的文丑庙

　　文丑阵亡后，其遗体的下落不得而知。令人感到意外的是，在远离当日战场的河南省禹州市鸿畅镇寨子贾村村南有座大冢世传为文丑冢，村东有一小庙为文丑庙。村民告诉我文丑冢曾经十分高大，民国年间暴发了一次山洪，寨子贾村化作一片汪洋，幸亏有文丑冢存在，村民争相登上封土避水，方才逃过一劫。如今，文丑冢已被平毁，变作了农田。文丑庙依然存在，它是一座袖珍的小庙宇，仅有一间正殿、一座山门。正殿门紧锁着，透过门缝，隐约可以看到里面有一尊塑像，但是看不清造型，想必这就是村民心目中的文丑将军了。文丑庙的山门内，有一通石碑斜倚在东墙边。我俯下身去借着微弱的光线仔细阅读碑文。

这通石碑名为"创修文丑庙碑记"，刻于民国十四年（1925）。碑文大意是讲此地周边土匪为患，而寨子贾村赖文丑庇护得以保全，土匪畏惧文丑的余威而对本村秋毫无犯，"盖闻有功德于民则祀之"，所以村民为文丑建立庙宇。

村民告诉我，碑上所刻文丑退土匪之事，在寨子贾村妇孺皆知。话说民国十四年，这一带的匪首魏国柱率领千余名土匪涂炭乡里，很多村寨都遭了殃。一日，寨子贾村的首领夜梦文丑向其预警，说是明日将有土匪来袭。首领次日醒后将此事告诉村民，并在村中架好自制的土炮以防万一。当日果然有土匪来袭，村民连发两炮，土匪不知虚实，迅速退去，寨子贾村幸免于难。于是村民争相传诵文丑的功德，集资为其建庙，四时祭祀。

《三国演义》讲关羽在曹营的很长一段时间并不知晓刘备的下落，甚至在白马之战时，稀里糊涂地斩颜良、诛文丑，却不知大哥就在对面。这一情节安排恐怕很难服众。

当初刘备到达冀州后，"所失亡士卒稍稍来集"，他被曹操打垮的队伍又逐渐聚集起来。特别是那位常胜将军赵子龙，本正在常山郡老家赋闲，听闻刘备来到冀州，暗中到邺城与之相见，从此正式归于刘备麾下。

赵云以及一般的士卒都能知晓刘备在袁绍阵营，身在曹营的关羽经常参加军事会议分析敌情，又怎能不知敌方阵营中有何重要人物？相信"阿瞒"是想瞒也瞒不住的。关羽不是不知道刘备在袁营，只是苦于条件不成熟，无法去袁营投奔刘备罢了。

此话怎讲？因为关羽还尚未立功。

曹操早就观察到关羽无久留之意，曾派张辽去打探关羽的心思。

《三国志·关羽传》记录了关羽对张辽的回答：

吾极知曹公待我厚，然吾受刘将军厚恩，誓以共死，不可背之。吾终不留，吾要当立效以报曹公乃去。

张辽将此番话回禀曹操，曹操更加敬重关羽的义气。当初读《三国志》到此处，我不禁感慨——关羽的两难，我们很多人都曾体会过。对于关羽来讲，刘备承载了他心中的理想，曹操则是摆在眼前赤裸裸的现实。若是现实不随人意，一甩手舍它而去倒也痛快，偏偏它不是对你不好，而是对你太好，想要去追求理想，一定要对现实有所交代——而做出交代又谈何容易。

如今关羽已斩杀颜良，解白马之围，是时候离开曹营了。从另一个角度来讲，文丑并非死于关羽之手，也是关羽无心恋战的一种表现——他已对"现实"做了交代，正在酝酿如何去追寻"理想"，没有心思也没有必要再做什么交代了。

关羽辞曹归刘之路被后世演绎成"过五关斩六将""千里走单骑"。这是三国故事中最令人神往的一段旅程。我们不妨沿着《三国演义》为关羽设定的路线走上一遭。

关羽一行出许都向西，走到离许都不远的灞陵桥，曹操追上来送行。

灞陵桥原名八里桥，因架设在许昌城西八里外的石梁河上，故而得名。灞陵又名霸陵，是汉文帝刘恒的陵墓，在长安东郊灞河边上，灞河上有桥名曰灞陵桥。汉唐时，人们送别亲友往往至此而止，这里便成了著名的折柳之地。元代《三国志平话》误以为关羽辞曹发生在长安，于是将曹操与关羽话别的地点设定为灞陵桥。《三国演义》将长安纠正为许都，但将灞陵桥这个地点沿袭了下来。明清许昌城西正巧有一座八里桥，而八里桥又与灞陵桥谐音，于是人们就将八里桥改名为灞陵桥了。

许昌的灞陵桥始建年代不详，于1959年被洪水冲毁。1991年，考古人员对其遗址进行清理探掘，发现此桥下部为元代构建，上部为明清构建，也就是说这座桥至少在元代就已经存在了。后来，人们用考古时清理出的原构件对灞陵桥进行复建，使这座古桥得到了新生。

灞陵桥关帝庙始建于清康熙二十八年（1689），是全国唯一一座既供奉关羽又供奉曹操的关帝庙。曹操平定了颍川郡的战乱，又在许下屯田，让这里的人们在乱世中过上了太平富足的日子。许昌父老感念曹操之恩，即使在其被丑化为白脸奸贼的明清时期，他们

利用原构件复建的灞陵桥

灞陵桥畔的"汉关帝挑袍处"石碑

也不愿多说他一句不是，甚至依托对关羽的祭祀，也悄悄祭祀曹操。在唯心史观笼罩的庙宇里，居然萌生出一棵唯物史观的嫩芽来，而唯物史观的嫩芽却被唯心史观的肥水浇灌着——人类对历史的审视经历了多么奇妙的过程。

走出关帝庙，迎面是一座石牌坊，上书"始出五关"四个大字。人们相信，约一千八百年前的关羽就是在这里一人一骑，保护着二位嫂夫人，毅然西行，踏上过关斩将之旅的。任曹操的目光如何凝视，他再也没有转回头来。

灞陵桥畔的关羽"千里走单骑"雕像

　　《三国演义》中，关羽所过五关分别为东岭关、洛阳、沂水关、荥阳、黄河渡口。洛阳、荥阳我们在前文中已经反复提及，黄河渡口即白马津，在上文中也已经介绍，这里不再赘言。而沂水关的出现显得有些莫名其妙。沂水在东汉徐州刺史部境内，关羽不可能路过那里。考证地理可知，在洛阳与荥阳之间的关口是虎牢关。后因唐高祖李渊的祖父名叫李虎，唐代皇帝对"虎牢"二字是有忌讳的，正好汜水在关下流过，所以干脆将虎牢关改为了汜水关。罗贯中在创作《三国演义》时，应是要写汜水关，却因"沂""汜"二字字形相近，古人在抄书的过程中出现了谬误，故讹化为沂水关。对于这一关口我们也曾作过介绍。那么五关中就剩下一个东岭关还没有介绍过。

　　东岭关的位置在今天的河南省禹州市花石镇白沙村，颍河在村旁蜿蜒流过。古代的人们沿着颍河冲积而成的谷地北上洛阳，南下许昌，逐渐形成一条驿道。白沙村一带地势险要，逍遥岭与龙头山两山夹持，成为这条驿道的隘口。曹操至洛阳迎汉献帝至许都，便自此经过。历史上的东岭关就在逍遥岭上，但是如今已无处寻觅。因逍遥岭与龙头山两山夹一谷的地势非常适合修建水库，1951年，水利部在此建立了河南省第一座大型水库：白沙水库。而东岭关正好是大坝主坝所在的位置。

虽然东岭关已难觅踪迹，但在逍遥岭下的白沙村存留着一座五虎庙，祭祀蜀汉的五虎大将：关羽、张飞、赵云、马超、黄忠，主祭关羽，因而主殿又称义勇武安王大殿。据当地百姓传说，这座五虎庙的历史可以追溯到西汉时代——当时这里是汉武帝的大臣灌夫

"始出五关"牌坊

的家庙。灌夫是颍川颍阴人，得势时在家乡颍川暴虐凶顽，令父老恨之入骨；他后被灭族，父老将其家庙中的神龛砸毁出气，家庙也随之荒废了。关羽在东岭关留下圣迹后，此庙便改祭关羽。

当然，这座关庙真正的历史并没有传说中那么久远，它始建于元至正九年（1349），此后虽历代均有修葺，但义勇武安王大殿还是元代原物，历经六百多年风雨仍基本保存完好。庙前有一条小河，名为白沙河，有一座明代戏楼在河对岸同五虎庙隔水相望。旧时每逢盛大庙会，这里都要上演三国剧目以娱神，当然以赞扬关羽的"红颈戏"为大宗。在五虎庙一侧的驿道上，有一座古桥。过了此桥便嵩岳在望，洛阳可待，故人们称之为望嵩桥。旧传望嵩桥的石板上有关羽留下的马蹄印。这座古桥架设在许洛之间的通衢上，存留马痕车辙是难免的，但此桥是明代所建，即使关羽曾经过此地，石板上的马蹄印也不可能是他留下的。

《三国演义》讲，关羽保护二位嫂夫人，千里走单骑，连闯五关来到黄河岸边。在这里他得到消息，刘备受袁绍派遣，已到达汝南，准备联合汝南黄巾军袭扰曹操后方。关羽又马不停蹄，赶奔汝南寻兄。在路上，他路过古城，张飞正盘踞在那里，于是上演了"斩蔡阳，古城训弟"的一幕。

张飞在小沛与刘备失散后去向何方，史书没有交代。在今河南省永城市芒砀山主峰西侧，有一处山寨名叫"张飞寨"，今还存留着大约千米长的青石寨墙。据说张飞自小沛逃亡后曾在此避难，但因《三国演义》没有提及此处，故而名声不显。而古城是刘、关、张三兄弟再次聚首之处，《古城会》是三国戏的经典剧目，向来为人们所乐道，因此其方位就成为很多好事者探求的目标。

五虎庙义勇武安王大殿

　　世传刘、关、张再次聚首的古城在河南省驻马店市驿城区古城乡古城村以北三里处的"跑马坡"。经考古探掘,这里确实有一座古城,系春秋时期古道国故城遗址。故城分为内城与外城,内城遗址中有一座大型宫殿的残基,南北长约260米,东西宽约110米,高出地面大约3米。这里就是当地老乡口中的"跑马坡",传说关羽与蔡阳曾在此厮杀。这里自西汉时设置了阳安县,便一直是阳安县、阳安郡的治所,直到北齐时被毁废。

　　我们已经跟随罗贯中的巨笔走了一遭,现在要跟随关羽的马尘再走一遭了。

　　对于《三国演义》所描写的"千里走单骑",很多人都认为关羽的路线有错误，因为由许都赶往黄河渡口白马津，根本没必要绕行东岭关、洛阳、汜水关、荥阳等地。但也有人据理力争，说东汉末年由许都去往白马津并没有直接的道路，关羽只能沿颍河谷地绕行洛阳，再沿着由洛阳通往东方的驿道抵达白马津。

这两种说法哪一种正确呢？很可能哪一种也不正确。这两种说法的着眼点都在地图上，却忘了到史籍中去看一看——关羽到底是何时自何地出发的，又是与刘备在何处会面的？现将《三国志》中所有关于关羽亡奔刘备的记录罗列出来，大家自能一目了然：

公还军官渡。绍进保阳武。关羽亡归刘备。——《三国志·武帝纪》

曹公与袁绍相拒於官渡，汝南黄巾刘辟等叛曹公应绍。绍遣先主将兵与辟等略许下。关羽亡归先主。——《三国志·先主传》

跑马坡，道国故城遗址

及羽杀颜良，曹公知其必去，重加赏赐。羽尽封其所赐，拜书告辞，而奔先主於袁军。左右欲追之，曹公曰："彼各为其主，勿追也。"——《三国志·关羽传》

我们可以很明显地看到，白马之战结束后，曹操回军官渡与袁绍对峙，官渡之战一触即发。在这个节骨眼上，袁绍为扰乱曹操后方，派刘备到汝南联络黄巾军余部刘辟等人，在许都附近劫掠。也就是在此时，关羽由曹军大营亡归刘备。他的路线应是由黄河岸边出发而至许都，并不是由许都出发而至黄河岸边。这或许才是"千里走单骑"的真正路线。

真实的"千里走单骑"也许并没有我们在小说中看到的那样精彩，但是透过斑驳的丹青缝隙，映照出的关羽的义勇精神、桃园三兄弟的深厚情谊以及曹操的惜才情怀和大度胸襟都丝毫不比小说中浅淡。

"挂印封金"，印与金代表官与财，从古至今，此二者对于人们有着多么大的诱惑力。这种诱惑力居然可以使人们将很不吉利的棺材作为吉祥的象征——人们对于官与财的追逐居然遮蔽了对于死亡的恐惧。然而关羽却轻轻地将他所得到的一切都放弃，毅然决然地遵循内心，辞曹归刘。

无论过程多么复杂，历程多么危险，路程多么艰辛，都没有挡住桃园三兄弟再一次"合体"的成功。他们带着联络刘表共同抗曹的使命离开了袁绍，离开了曹操，离开了中原，离开了是非与纷乱，循着心中的梦想与执念，一路打马向南，投向陌生的荆襄，从此鹏飞鹰扬，在寂寥的楚天开辟了自己的新天地，却再也没有回到生于斯长于斯的北方。

关羽由官渡前线亡归刘备，不可能到许都接上刘备的家眷——他是真正的"千里走单骑"。而桃园三兄弟到了荆州之后，他的家眷确实又同他团聚了，这期间，甘夫人还为刘备生下了阿斗刘禅。没有关羽的保护，刘备的家眷究竟是如何到达荆州的？这个问题只能在下本书中再讨论了。

当然，我们需要讨论的问题绝不止于此——

官渡之战真的是奠定北方统一基础的一战吗？

汉军如何穿越燕山，转战千里挺进白狼山？

曹操在哪里登山观海，写下不朽名篇？

孙氏父子如何以一校尉起家，奄有江东？

南阳还是襄阳，"卧龙"究竟在哪里耕读隐居？

赵云"七进七出"的长坂坡今天是什么样子？

楚天五赤壁，哪里是曹操折戟沉沙之所？

关羽真的是渡过长江去单刀赴会吗？

刘备、刘璋如何在巴蜀山川中较量？

落凤坡在哪里？为什么庞统会战死此处？

刘备坐拥荆州、益州，却为何要做汉中王？

……

精彩回目，尽在下文。

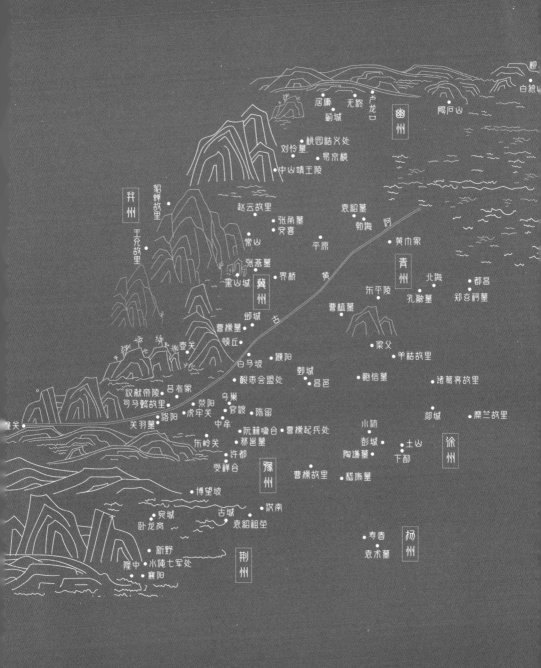

图书在版编目（CIP）数据

三国遗迹寻踪：汉末英雄 / 纪陶然著 . —

北京：世界图书出版有限公司北京分公司，2020.7（2020.9 重印）

ISBN 978-7-5192-6793-3

Ⅰ . ①三… Ⅱ . ①纪… Ⅲ . ①中国历史－三国时代－通俗读物 Ⅳ . ① K236.09

中国版本图书馆 CIP 数据核字（2019）第 210598 号

书　　　名　三国遗迹寻踪：汉末英雄
　　　　　　SANGUO YIJI XUNZONG HANMO YINGXIONG

著　　　者　纪陶然
策划编辑　罗明钢
责任编辑　詹燕徽
封面设计　蔡　彬

出版发行　世界图书出版有限公司北京分公司
地　　址　北京市东城区朝内大街 137 号
邮　　编　100010
电　　话　010-64038355（发行）　64033507（总编室）
网　　址　http://www.wpcbj.com.cn
邮　　箱　wpcbjst@vip.163.com
销　　售　新华书店
印　　刷　三河市国英印务有限公司
开　　本　710mm×1000mm 1/16
印　　张　22
字　　数　290 千字
版　　次　2020 年 7 月第 1 版
印　　次　2020 年 9 月第 2 次印刷
国际书号　ISBN 978-7-5192-6793-3
定　　价　68.00 元

版权所有　翻印必究

（如发现印装质量问题，请与本公司联系调换）